LE COUPLE INTÉRIEUR

« Espaces libres »

LE COUPLE INTÉRIEUR

Sous la direction
de Paule Salomon et Nathalie Calmé

Albin Michel

Albin Michel
▪ *Spiritualités* ▪

Collections dirigées
par Jean Mouttapa et Marc de Smedt

22, rue Huyghens, 75014 Paris

ISBN 2-226-10432-1
ISSN 1147-3762

Sommaire

Préface

MARC DE SMEDT

Histoire zen : deux moines cheminent dans la campagne en direction de leur monastère. Ils arrivent devant une rivière que des pluies récentes ont gonflée. Le passage à gué, facile d'habitude, s'est transformé en un torrent tumultueux. Sur la berge, une jeune femme leur demande : « J'ai peur de traverser, pouvez-vous m'aider ? » Un des moines tend son baluchon à l'autre et fait grimper la fille sur ses épaules. Prudemment, ils traversent le flot, sans encombre. Arrivés sur l'autre rive, la jeune paysanne les remercie d'un grand sourire et prend la route du village. Les deux moines continuent leur chemin. L'un sifflote, regarde la nature qui s'éveille au printemps, admire les ombres et les lumières, écoute le chant des oiseaux ; l'autre a l'air renfrogné et perdu dans ses pensées. « Ah ! se réjouit le premier, nous voilà enfin rendus ! Mais tu en fais une tête, tu digères mal ? » Et l'autre d'éclater : « Tu as fait le vœu de ne plus toucher de femmes et tu as osé porter cette fille ! » Le regardant calmement, le moine répond à son compagnon : « Ah ! c'était donc cela. Mais tu vois, moi j'ai juste porté la jeune femme pour l'aider à traverser la rivière, tandis que toi, tu l'as portée sans cesse jusqu'ici ! »

Pourquoi, dans ce livre consacré au couple intérieur et au féminin de l'être, raconter cette histoire ? D'abord parce que ce conte me semble très symbolique : la jeune fille dans le rôle de la faible femme, le chevalier servant au cœur pur, le méchant psycho-rigide à la vision étriquée, les trois caractères sont typiques. On pourrait intervertir les sexes et nous aurions un beau jeune homme blessé, une nonne au grand cœur qui va le secourir et la marâtre frustrée qui rumine et lui reproche amèrement de s'être intéressée à ce mâle, danger en puissance. Voici délimitées de grandes fonctions archétypales. Mais ce qui me paraît le plus important, c'est la chute : celle-ci fait bien la différence entre l'action juste, positive, claire, efficace, accomplie dans la liberté du don, et la même action, rêvée, ressassée, machouillée et retournée par un cerveau enfiévré. D'un côté, conscience et présence ; de l'autre, égarement mental et confusion, aveuglement. Ici, on est dans l'acte vécu, assumé, dépassé ; là, on se perd, on se noie dans nos pensées. Or, qu'il s'agisse du féminin ou du masculin dont vont si bien parler nos auteurs, le problème reste le même : où nous situons-nous ? Dans la clarté de la conscience ou dans son obscurité ?

Ouverture

PAULE SALOMON ET NATHALIE CALMÉ

Mon masculin exploite encore mon féminin. C'est cette constatation personnelle, cette mise en cause, qui a constitué le point de départ pragmatique de cet ouvrage. Car ce qui est vrai pour moi l'est aussi pour le monde qui m'entoure. La profondeur du combat qui oppose l'homme et la femme depuis des millénaires ne saurait être sous-estimée et les passerelles que tisse l'émergence féminine depuis moins d'un siècle sont encore bien fragiles, bien aléatoires. Cette guerre extérieure s'est intériorisée en chacun de nous et la coopération du masculin et du féminin à l'intérieur de soi nécessite un véritable retournement de conscience.

Jamais, sans doute, la conscience collective n'a autant favorisé l'apparition d'une femme forte et douce et d'un homme fort et doux, c'est-à-dire de deux êtres mixant leurs identités d'hier et favorisant de nouveaux visages du masculin et du féminin, plus androgynes et plus évolués. Ce ne sont peut-être pas de nouvelles idées, de nouvelles religions ou des pratiques plus élaborées qui permettront à notre humanité de changer de niveau de conscience et d'incarner une forme de paix extérieure-intérieure. Il me semble que tout l'espoir du changement repose aujourd'hui sur l'équilibre des polarités masculine et féminine, et son enrichissement créatif. Le couple traditionnel est en péril comme jamais et, en même temps, un nouveau couple réinvente en conscience un art d'aimer. Le terrorisme conjugal le plus destructeur cohabite avec un plaisir de vivre ensemble et de partager des goûts communs. Deux libertés apprennent à se respecter et à se mettre au service du dieu Amour. Deux forces et deux douceurs s'ouvrent à la blessure d'Éros, au lieu de la fuir.

Et pourtant, au sein même de cet espoir, l'horizon collectif reste embourbé dans la course du faire, du consommer, du gain, de l'exploitation. Il faut avancer encore et toujours assurer, faire toujours plus vite, plus compétent, plus performant. C'est une prise de conscience importante que de mesurer que, dans sa vie, les valeurs de conquête, ou tout simplement de ce que l'on croit être la survie, mènent la danse, terrorisent le féminin qui voudrait s'abandonner au plaisir de l'instant à la volupté d'exister, à l'extase de vivre. Le retournement spirituel d'une vie commence lorsque ce temps consacré au bien-être devient majoritaire dans une journée.

Des chercheurs et des quêteurs du sens, des praticiens de la transformation ont accepté ici de se laisser interroger[1] sur la manière dont ce féminin s'est incarné et intériorisé dans leur vie. Notre époque est

---

1. Tous les entretiens ont été réalisés par Nathalie Calmé.

porteuse d'un grand espoir. Les changements dans l'identité masculine en direction du féminin et les changements de l'identité féminine en direction du masculin se font désormais avec plus de conscience. C'est un véritable accomplissement spirituel qui est à l'œuvre dans la conscience collective, comme si le profane et le sacré tentaient de se rejoindre. Comment faire, au concret de nos vies, pour accompagner ce passage et nous permettre de laisser place à une nouvelle alliance entre l'homme et la femme, à une éclosion de l'amour dans la brûlure et la lumière ?

Le féminin au secours du vivant

ENTRETIEN AVEC MICHEL RANDOM

Dans un sens, les hommes ont failli : le progrès qu'ils ont inventé est devenu une machine emballée, destructrice de la nature, des cultures, des éthiques et des consciences. Pour survivre et créer une civilisation planétaire viable, le troisième millénaire devra-t-il décliner ses valeurs au féminin ?

Michel Random : Pour la première fois dans l'histoire de l'humanité se pose non pas le problème de la culture et de la science, mais celui de la survie planétaire. Face à ce problème de survie se fait jour une demande différente, une réaction nouvelle... Un changement de regard. Tant que l'on porte sur les choses un regard qui envisage la réalité d'une manière duelle, causale, où l'objet et le sujet, la nature et l'homme, l'esprit et le corps sont dissociés, la réalité ainsi créée est necéssairement séparée, mécaniste.

On ne peut plus continuer à envisager une réalité qui, d'un côté, se complexifie à une vitesse exponentielle jusqu'à devenir ingérable et qui, d'un autre côté, engendre une virtualité, une non-existence de cette même réalité.

On parle aujourd'hui d'une réalité virtuelle en informatique, mais l'ensemble de notre monde, y compris celui de la finance, devient virtuel, donc irréel. Une virtualité de la vie. Cette virtualité qui s'impose désagrège le processus humain. C'est une agression totale de la terre et du ciel, mais aussi des individus. Ce qui conduit fatalement à une désagrégation sociale, éthique, culturelle et spirituelle.

Face à cette situation, qui est sans commune mesure avec tout ce qui nous a précédés, il y a une nouvelle prise de conscience née de la science elle-même et plus particulièrement de la physique quantique et de la biologie. L'émergence d'une conscience nouvelle concerne les philosophes et les scientifiques responsables qui réfléchissent sur la nature du réel, un réel qui ne correspond plus à l'ancien schéma mécaniste, hérité du XIXe siècle. Un réel qui n'est plus causal mais holistique. Un réel global dans lequel la conscience, le Tout de l'Être, est un élément dominant de la réalité. Nous sommes inclus dans cette réalité. Aucune chose n'est séparée, ni dans l'espace, ni dans le temps, ni dans l'ensemble du cosmos. Moi, c'est l'autre. L'autre, c'est moi. Le cosmos, c'est moi. La conscience cosmique n'est pas une une idée de l'esprit. La conscience est homogène, ou encore, « la conscience est l'autoconsistance de l'univers », comme dit Basarab Nicolescu. C'est-à-dire qu'elle est l'essence même de l'univers. Quand je pense, l'univers pense avec moi.

Question : Dans l'émergence de cette nouvelle conscience et la concrétisation holistique dont vous parlez, quelle serait la contribution du féminin ?

Nous avons besoin d'une nouvelle vision globalisante. Or le cerveau masculin est latéralisé droite/gauche alors que le cerveau féminin ne l'est pas. Cette latéralisation exprime un dualisme qui s'inscrit dans notre réel. Le cerveau masculin moderne crée de la complexité, mais s'avère, du moins en Occident, incapable de gérer une réalité de plus en plus complexe. Les dimensions des nouvelles créativités sont plus imaginaires que réelles, à l'image de la Création elle-même. Le féminin est associé au mystère du vivant, c'est-à-dire au réel qui est plus que matière, fait d'invisible où s'expriment l'ordre et le désordre, un aléatoire quantique qui est la tension d'aspects dynamiques et contradictoires. L'indétermination quantique est proche de l'aléatoire féminin. Cet aléatoire féminin gêne précisément la logique stricte et rigoureuse du masculin. On dit souvent d'une femme qu'elle n'est pas logique, ou qu'elle est imprévisible. Mais elle exprime ce faisant le mystère de la vie et de l'imaginaire. L'intelligence n'est pas seulement rationnelle. La sensibilité et l'amour sont des formes subtiles de l'intelligence. La femme est orientée vers la vie ! Elle est orientée vers les valeurs fondamentales de la nature et du vivant. L'intelligence et la sensibilité féminines complètent le masculin, mais il faut en reconnaître les valeurs fondamentales car il y a urgence à sauver l'ordre vivant et l'espèce humaine ; on ne pourra y parvenir que par une nouvelle conscience planétaire où le féminin jouera un rôle fondamental. Les qualités féminines sont vitales dans tous les lieux de décisions et d'organisation. Le troisième millénaire sera nécessairement féminin.

Voulez-vous dire que nous aurions davantage besoin de « programmes féminins que féministes » ?

Oui... et d'ailleurs, au colloque de Tokyo, Mely G. Tan, conférencière indonésienne, a fait un exposé très bien documenté sur ce sujet. Elle constate que malgré les différentes réunions internationales, organisées par les mouvements féministes, le « féminin » est en perte de vitesse. Il décroît partout dans le monde car chaque fois que l'on assiste à un resserrement économique ou à des mesures de paupérisation dans l'éducation, la culture ou la politique, on élimine des femmes. Par conséquent, les femmes sont minoritairement représentées dans tous les domaines de décisions. De plus, ce sont elles, sur la planète, qui sont victimes des plus grandes oppressions. Cette situation devient intolérable ! La désagrégation progressive de l'importance du féminin dans la vie économique, sociale, politique, etc., de même que la paupérisation des femmes et des enfants, prouve aussi que la modernité conduit à un système d'horreur, de décadence et d'imbécillité ! Les femmes ne peuvent plus combattre pour défendre seulement leurs droits. Leurs droits ne sont pas discutables. Elles doivent prendre conscience de leur importance pour maintenir et sauver l'ordre vivant. Sinon, il n'y aura plus de vie du tout !

Voulez-vous insinuer que les femmes n'ont pas conscience de l'ampleur du rôle qu'elles ont à jouer dans la recherche d'une nouvelle conscience planétaire ?

Les femmes ont conscience de leur pouvoir, mais elles ont encore beaucoup de timidité pour l'extérioriser. Y compris dans leur sexualité. Vous comprenez, l'Église a réussi à culpabiliser la femme, à la soumettre à un état d'hypnose permanent ! L'Église a créé la culpabilité féminine comme une seconde nature. Donc la première chose est de libérer la femme d'une manière inconditionnelle de cette monstruosité. La femme doit se dire : « J'existe, je suis un être total, absolu, merveilleux. Je suis l'arbre de vie ! Et zut ! On ne va pas m'imposer la culpabilité parce que je suis femme ! » Sur ce point, il n'y a pas d'hésitation. Je dénonce l'Église, mais il faut quand même citer cette déclaration du pape Jean-Paul II le 29 juin 1995. Il s'adressait aux femmes, à la conférence de Pékin : « Les femmes ont été en butte aux inégalités, à l'injustice, à l'oppression, et je ne puis qu'exprimer mon admiration à ces femmes de bonne volonté qui ont consacré leur vie à défendre la dignité de leur sexe en luttant pour leurs droits sociaux, économiques et politiques fondamentaux avec courage d'autant que la chose était considérée avec une extrême inconvenance, le signe d'un manque de féminité, une forme d'exhibitionnisme, et même un péché. »

C'est l'expression d'une promesse, d'un espoir ?

Imaginez que le pape ait dit : « Les femmes ne sont pas les égales de l'homme, Dieu les a créées différentes, donc leur nature est inférieure. » Comment réagiriez-vous ? Vous diriez : « Où va-t-on ? Dans quel siècle vit-on ? » Au contraire, Jean-Paul II dit : « Être femme, ce n'est plus un péché. Manisfester sa féminité est une chose légitime, il est juste que les femmes défendent leurs droits sociaux, économiques, politiques fondamentaux ». En clair, il dit : « La femme a le droit d'exister ! »

Dans un texte que vous avez intitulé : « Les ultimes recommandations de Dieu à Adam et Ève », vous écrivez ceci : « Je donne à Ève le pouvoir sur les trois mondes, le ciel, la terre et le monde souterrain. Ainsi, par elle se transmettra l'initiation des trois mondes. En ce sens elle restera toujours un mystère pour toi (Adam), à qui je donne le ciel et la terre mais non le monde souterrain. Car de même qu'elle donne la vie, Ève transmue la vie. La transmutation est le passage d'un état à un autre. Mais pas plus que le mystère de l'enfantement ne t'est donnée la vision des mystères de la mort. Ève, seule, peut franchir le pont obscur de l'indicible. Tu seras pour elle le guerrier, le protecteur et l'enfant. Ne tente pas de la réduire, ni par la force, ni par la coutume, ni par la loi. En Ève, la vie et le désir ne sont qu'un. Enfreindre ce statut, c'est menacer la vie. Pouvez-vous commenter ce passage dans lequel Ève (sous-entendu les femmes) est très gâtée par Dieu ? »

Les femmes doivent se reconnecter à leur puissance féminine et principalement au troisième monde, le monde souterrain. Elles seules y ont accès. Dans le dualisme masculin/ féminin, on évacue toujours cette notion alchimique de l'être. Et pourtant, la vie porte un sens, les choses ont été créées avec une conscience divine qui introduit, dans l'ordre du monde, le mystère même de la vie, de la création, de la mutation vie/mort. Et la femme a le pouvoir d'assumer cette mutation, c'est-à-dire d'affronter la vie et d'affronter la mort, le visible et l'invisible. Et cette fameuse peur du féminin, implicite chez beaucoup d'hommes, vient du fait qu'ils n'arrivent pas à assimiler ce mystère. Il faut dire aux hommes : « Oui, le mystère féminin est fermé, mais il n'est pas impur. Toute l'Initiation, à travers des millénaires, a été transmise par les femmes, elles étaient les maîtresses de l'Initiation. » Dès que l'homme crée une opposition, il sépare le ciel et la terre, il désincarne le processus vivant. Dès que l'on dissocie l'être de son mystère, on ne comprend plus le féminin. Le refus du mystère et celui du féminin sont une même chose. On veut contrôler ce qu'on ne comprend pas, donc restreindre la femme à son rôle d'épouse, de mère ou encore d'objet sexuel. La sexualité féminine effraie. Encore aujourd'hui, la femme est ressentie comme un être équivoque, sinon démoniaque, un être dangereux qui à tout moment peut vous glisser des peaux de bananes. Aux yeux de certains hommes, toute femme cache une sorcière. C'est ce qui justifie un terrorisme direct ou caché à l'encontre des femmes. Dans les religions traditionnelles, pourtant, la femme était vénérée dans tous ses aspects, y compris dans les rites religieux. En fait, le féminin est par essence sacré. C'est le sens de la hiérogamie. Le roi prêtre tient son pouvoir du féminin.

Le pouvoir féminin octroie le sacerdoce du visible et de l'invisible. Le masculin fait vibrer le mystère, mais il ne peut l'assumer qu'à travers le féminin. Il peut participer au mystère... mais il n'est pas femme ! Cet aspect alchimique du féminin se retrouve dans les mythes. Dans le shintô, il existe le couple créateur : Asanami et Isanaki. À sa mort, Asanami descend aux enfers, dans le monde souterrain. Isanaki veut la suivre. Mais il est interdit au masculin d'assister au mystère alchimique de la désagrégation et de la mutation de la vie à la mort et de la mort à la vie. L'homme est fait pour être un guerrier, un combattant, un don Juan à la rigueur, mais il n'est pas fait pour aborder les sources de la vie et de la mort. Voyant qu'Isanaki l'a suivie, Asanami, furieuse, va le chasser. Le mystère de la vie signifie que tout être est en résonance avec l'univers. Par exemple, on peut entendre aujourd'hui le son des planètes enregistré par la Nasa. C'est une fabuleuse et indicible pulsation. Mais ce son, cette vibration, est très proche du son qu'entend le bébé dans le ventre de sa mère, c'est aussi une pulsation semblable à la pulsation cosmique. L'enfant et la mère sont donc étroitement reliés au monde cosmique. L'homme n'est plus conscient de son union au monde cosmique, alors que la femme, par ses cycles biologiques et psychiques, y demeure étroitement liée. Cette relation cosmique détermine le mystère féminin. De même, dans le *Ramayana*, Sita, épouse de Rama, est enlevée par Ravana, le démon. Rama parvient à la libérer, mais un doute surgit : elle est peut-être impure, souillée par le contact avec Ravana. Je suis restée pure, répond Sita, et, pour le prouver, elle se livre à l'ordalie du feu ; dans une autre version, elle demande à la Terre de l'engloutir. Sita retourne à la terre parce que la terre et la femme sont reliées au monde céleste.

Votre position envers les hommes est extrêmement radicale... Qu'en est-il des hommes intimement reliés à leur dimension intérieure ?

L'homme n'aura jamais accès à ce monde, sauf s'il réalise son être, sa plénitude, l'amour au sens de respect. L'amour réalise la fusion parfaite.

Tout à l'heure, vous avez dit que les femmes éprouvaient des difficultés à revendiquer leurs droits sexuels... Pourriez-vous étayer cette constatation ?

Le désir féminin est mille fois plus fort que le désir masculin. Il faut considérer que Dieu sème avec largesse. Dieu sème dix mille pour obtenir un. Que serait le monde si Dieu n'avait pas fait la femme belle et séduisante ? Dieu a mis en la femme « un plus » afin d'obtenir quelque chose : la vie. Il a distribué largement l'attirance de l'éros dans le plaisir au féminin, sans cela il n'y aurait pas d'attraction, donc pas d'enfants. Cette fascination irrésistible de l'éros féminin conduit à l'amour. C'est pourquoi il est contre nature de culpabiliser la sexualité féminine.

En Italie, voici encore dix ans, tuer sa femme par jalousie, ou par soupçon, méritait tout au plus cinq ans de prison. C'était d'un machisme hallucinant !

Les hommes doivent se réconcilier avec la sexualité

féminine en la respectant. Toute femme peut vivre son désir librement, à elle de choisir. Elle n'a pas de culpabilité à avoir. Les plus grands sages ont toujours respecté la sexualité féminine. Un jour, Shiva est rappelé à l'ordre par Parvati parce qu'il n'assure plus son rôle sexuel. Shiva l'écoute et, le soir même, l'emmène au septième ciel. L'une des femmes du Prophète lui dit : « Tu m'oublies », et le Prophète va la combler. Même chose pour Rûmi. Sa femme lui dit : « Tu m'oublies » ; Rûmi est un grand sage, mais il va cependant contenter sa femme. De même, quand Ramakrishna veut entrer dans la vie ascétique, il demande la permission à sa femme. Si aucun sage n'a condamné la sexualité féminine, c'est bien parce qu'elle est sacrée. Elle fait partie du respect qu'on doit à la vie.

Vous avez la chance de participer à de nombreux colloques internationaux et vous posez des questions brûlantes comme celle-ci, au colloque de Tokyo : « La planète Terre a-t-elle encore une survie ? » À travers tout ce que vous venez de dire, et de concert avec l'urgence planétaire dans laquelle nous nous trouvons, j'ai l'impression de vous entendre pousser un cri qui serait : « Au secours, les femmes ! »

Oui, il y a urgence mais il ne s'agit pas de dire : « Au secours, les femmes ! » ; plutôt : « Au secours, la vie dont les femmes sont l'incarnation ! »

Quel lien faites-vous entre ce que vous appelez « le vivant » et le féminin ?

Le vivant, c'est la nature, le monde cosmique, le

visible et l'invisible. Le vivant a une idée fixe, la manifestation de la vie. La Création, ou le monde manifesté, a un sens, un but, ce que l'on appelle « néguentropie », c'est-à-dire « la vie dans l'ordre vivant » ; c'est le contraire de l'entropie, c'est-à-dire de la mort. Le vivant se protège. L'écosystème possède une fonction : celle de recycler sans fin les espèces. Si l'espèce humaine devient nuisible, le vivant s'en débarrasse.

Aujourd'hui, nous manipulons la génétique d'une manière démentielle. Et, par là, nous touchons aux structures même du vivant en oubliant que la partie est reliée au Tout. Et que le Tout est encore différent de la somme des parties. Ainsi, lorsque nous manipulons les gènes, ceux des plantes ou des animaux, nous changeons l'ordre vivant ! Nous créons un nouvel ordre dans le monde animal et végétal. Manipuler les gènes dans l'alimentation, c'est, en bout de course, changer le vivant dans l'homme lui-même, toucher à son ADN. C'est une erreur de croire que l'ADN est fixé pour toute la vie et que nous pouvons le manipuler à loisir. L'ADN change durant toute notre existence. C'est une découverte déjà ancienne.

De même, notre conscience, notre psyché, réagit sur la structure du vivant. Nous sommes sans cesse en création. Chaque jour nous perdons cent mille cellules, ce qui fait que tous les sept ans nous avons un corps nouveau. Ce renouveau constant de la vie est aussi celui de l'être. Notre conscience intervient dans le déterminisme apparent des choses, parce que la pensée est une action. La pensée est vibratoire comme l'ordre quantique. Penser, c'est créer, c'est agir. C'est pourquoi la pensée et la conscience féminines peuvent devenir une force déterminante dans la « mutation du futur ». Les femmes peuvent instaurer une ère de paix durable si on leur permet d'accéder aux postes de responsabilités. Le masculin a conduit les femmes à ne plus se sentir solidaires entre elles. Des collectifs féminins existent encore dans de nombreux pays orientaux où les femmes ont besoin d'une vraie solidarité pour survivre. Aujourd'hui, la puissance énergétique de l'ordre féminin est en réserve, mais elle peut se manifester comme une force fondamentale. L'urgence tient à la dégradation de l'ordre vivant. L'écrivain Mai Li Tang souligne malgré tout que « l'ampleur de la mobilisation mondiale des femmes est sans doute sans équivalence dans l'histoire de l'humanité ». Les femmes gèrent en effet beaucoup mieux les prises de responsabilités liées à l'environnement, à la santé, aux ressources naturelles. Elle écrit : « Il est important que les comportements changent et que les êtres humains soient amenés à respecter et apprécier sans distinction d'appartenance ethnique, de croyance, de sexe, de conditions socio-économiques, de même que l'environnement, la fleur et la faune et toutes les créatures vivantes qui nous entourent. »

Pour retrouver les forces dont vous parlez, la femme est appelée à s'éveiller au mystère de son propre féminin...

Oui. Si les femmes comprennent cela, elles peuvent s'épanouir et sauver l'ordre vivant...

Et vous, comment dialoguez-vous avec votre féminin ?

La rencontre avec le féminin ne procède pas de l'acquis, mais du lâcher-prise. C'est la rencontre avec le mystère des choses. C'est ce qui n'a ni commencement ni fin. On peut faire une analogie : nous n'allons pas de l'inconnaissance vers la connaissance, nous progressons dans l'inconnaissance. Et l'objet de la connaissance est d'avoir conscience de ce qui nous sépare de la connaissance. La vie n'a qu'un but : nous faire vivre notre chemin de conscience. Nous ne pourrons jamais percer l'être des choses, mais nous nous approchons progressivement de ce qui nous sépare de l'être des choses. La question est : « Qu'est-ce qui me sépare de mon féminin ? » Je ne serai jamais le féminin, mais ce qui me sépare de mon féminin, je peux le ressentir dans mon être. Il est écrit que le masculin et le féminin étaient Un à l'origine et qu'ils se retrouveront Un dans l'Éden. Alors, il n'y aura qu'un seul être. Cette union fondamentale est le mystère vivant de l'unité dans la diversité. Le monde des phénomènes, comme celui des disciplines, conduit à la fragmentation de l'être, à la perte de l'unité. L'être séparé de l'unité ne pense plus avec son cœur et tout son être, mais avec son seul mental. Ne penser qu'avec son mental, c'est se diviser, c'est une attitude schizophrène. Dès que nous pensons avec le cœur, nous unifions. C'est par la méditation sur l'amour que je suis arrivé à comprendre la nature de l'amour. Il n'y a pas d'autre mystère que celui de l'amour dont le féminin est le symbole.

Et comment méditer sur l'amour sans traverser son féminin ?

Les deux sexes de l'esprit

ENTRETIEN AVEC EDGAR MORIN

Depuis un demi-siècle, Edgar Morin réfléchit à l'émergence d'une humanité accomplie ainsi qu'aux conditions nécessaires à son éclosion. La pensée complexe qu'il préconise veut épouser l'immense diversité du vivant en réconciliant les contraires : notre sujet était le sien.

Question : Pouvez-vous nous parler de l'éveil progressif de votre féminité intérieure ? Quelles ont été les étapes importantes de cet éveil ?

Edgar Morin : La première étape, de nature intellectuelle, a commencé par une phrase de Michelet, dans les années cinquante, qui a si bien résonné en moi qu'elle est restée gravée dans ma conscience : « J'ai les deux sexes de l'esprit. » Par ailleurs, une première étape affective est liée à la mort de ma mère. J'étais très jeune, j'avais alors entre neuf et dix ans. Cette femme était d'une présence absolue pour moi. Enfant unique, elle m'adorait. Elle ne pouvait pas avoir d'autres enfants. Sa mort m'a isolé par rapport au reste de ma famille. Cet éveil du féminin s'est alors manifesté en moi à la fois comme un manque et comme une présence. Ma mère restait présente, elle apparaissait dans mes rêves et pourtant il y avait un manque. La question du féminin et de l'Éternel féminin a donc toujours été pour moi une nécessité intérieure qui, en même temps, est là et n'est pas là. C'est un peu comme ça que je l'ai toujours vécu. Je me suis toujours gardé d'attribuer le terme « féminin » à des aspects de ma nature. Pourtant, je suis de nature débonnaire, très peu agressif, je ne participe pas à l'univers de la compétition économique, intellectuelle, ni à la lutte pour la dominance, la prééminence..., cet aspect tueur qui conditionne psychiquement la plupart des comportements dans l'univers masculin de la rivalité. Je n'ai pas le sentiment de participer à cela. Je n'irai pas jusqu'à dire que je vis intérieurement dans l'univers féminin, mais je sens que je ne suis pas non plus dans cet univers masculin. Je me sens dans un autre univers et, pour le caractériser, j'emploie des métaphores. Je dis par exemple : « Je me sens végétarien dans un monde de carnassiers. » Il s'agit davantage de traits de caractère qui tendent à me différencier des comportements normatifs généralement institués par les hommes. De même que sur le plan de la relation amoureuse, je suis un « séduit » et non pas un « séducteur ». Par exemple, je ne me suis jamais dit : « Je vais prendre la décision de séduire. » Je subis plus la séduction que je ne la provoque. Vous me direz que l'on peut être séduit et séducteur !

Avez-vous dû, à un moment de votre vie, vous défaire de la marque culturelle de notre société qui a tendance à renforcer davantage les comportements de compétition que les comportements d'accueil, d'écoute, de réceptivité... plus féminins ?

J'ai très peu subi la marque culturelle. D'autre part, ma famille ne m'a infligé aucune marque éducative. Je me suis fait « ma lecture de la vie » tout seul. Et je n'ai pas eu à découvrir en moi quelque chose qui était brimé par une éducation trop masculine. Au contraire, comme j'étais un enfant unique et que mon père tenait à me protéger de beaucoup de choses, j'ai ressenti le besoin de me libérer de cette contrainte. J'ai eu besoin d'exister par moi-même. J'ai risqué ma vie pendant l'Occupation. Mais je vois cela davantage comme des choses existentielles et juvéniles plutôt qu'inhérentes à la condition masculine. Je n'ai pas éprouvé le besoin de m'arracher à un modèle machiste que l'on m'aurait imposé de l'extérieur. De toute évidence, ce modèle ne correspondait pas à ma nature. J'ai acquis ma culture en autodidacte. Si je sens en moi l'attrait du féminin, c'est principalement parce qu'il y a là une dimension dont j'ai besoin et qui me manque...

Pourriez-vous approfondir cette dernière constatation ? Le féminin est-il resté un mystère pour vous ?

Difficile de répondre avec précision... Quand le féminin est là, je ne peux pas le différencier par exclusion en disant par exemple : « Tiens, le féminin en moi est là parce que le masculin n'y est plus. » Il est en moi de façon diffuse. Et, à la fois, il n'y est pas. Vous avez utilisé le mot « mystère ». C'est vrai, je suis très sensible au mystère de l'être et je perçois le mystère bien plus profondément dans l'être féminin que dans l'être masculin. Je peux trouver des visages masculins très beaux... J'aimerais m'identifier à Kevin Kostner ! Peut-être parce que Kevin Kostner a joué, dans le film *Danse avec les loups*, le rôle d'un humaniste tourné vers le bien-être des Indiens. Sans doute cela m'a-t-il influencé !

Quelle est la nature de ce mystère qui vous attire davantage chez une femme que chez un homme ?

Ce qui me fascine, avant tout, c'est le mystère de l'être. Par exemple, ma chatte me fascine parce qu'elle vit son être de chatte tout naturellement. Cette fascination pour le mystère de l'être se concentre, pour moi, plus particulièrement sur le féminin que sur le masculin. Mais, dans ma vie, j'ai toujours éprouvé des difficultés à favoriser un pôle au détriment d'un autre et, d'ailleurs, ce n'est pas un hasard si dans la plupart de mes écrits je parle tant de la dialectique de la vie et de la mort. J'ai souvent essayé d'analyser cet aspect de moi-même et j'ai trouvé dans les circonstances de ma naissance des indices précieux. Qu'ai-je découvert ? Ma mère avait attrapé une grippe espagnole, provoquant une lésion au cœur. Suite à cela, les médecins lui avaient interdit d'avoir des enfants, ce qu'elle se refusa d'apprendre à mon père. Elle tomba enceinte une première fois et avorta clandestinement par l'intervention de ces femmes qu'on appelait à l'époque des « faiseuses d'anges ». Elle se trouva une seconde fois enceinte. À nouveau elle choisit d'avorter, mais cette fois, ça n'a pas marché. Le polichinelle, qui n'était autre que moi, s'accrochait. Le secret a dû être révélé à mon père. Et l'accoucheur a dit : « On ne pourra pas sauver à la fois la mère et l'enfant. » Autrement dit, pour garder ma mère en vie il fallait me tuer. Et s'il s'agissait de me faire naître, ma mère mourait. Elle portait ma mort et je portais la sienne. Je suis né mort-né, étranglé par le cordon ombilical. Il a fallu qu'on me réanime pendant une demi-heure avant que je pousse un cri. Donc, dès le départ, entre ma mère et moi, il y eut une relation formidable de vie et de mort – relation intense bien qu'inconsciente. Pendant toutes les années qui suivirent, son amour pour moi fut gigantesque. J'étais ni plus ni moins l'enfant du miracle. J'ai retrouvé l'intensité de cette relation à neuf, dix ans, au moment de la mort de ma mère. Elle est morte, mais encore aujourd'hui elle reste vivante. Je crois que cette expérience personnelle de proximité entre vie et mort dans l'acte de ma naissance a été un facteur qui influença l'éclosion de mon âme de dialecticien. Je suis à la fois quelqu'un de rationnel et de mystique, un sceptique qui a la foi, etc. Tout en étant mystique, irrationnel et féminin, je suis souvent appelé, dans ma vie, à être sous le contrôle de la rationalité. Ce qui fait que je me suis souvent senti au bord d'un gouffre et que je me suis aussi souvent retenu au bord de ce gouffre. Et, curieusement, toutes les femmes qui m'ont fasciné avaient en elles un aspect de ce gouffre, sans doute la part de folie que j'ai réprimée en moi, et qui me faisait penser que j'avais une part de folie qu'elles n'avaient pas. Quand je dis « folie », je ne pense pas à ce que les ignorants appellent « l'irrationnel », mais à quelque chose qui est au-delà : cette chose qui est avant et après la rationalité. Et en même temps, dans ce que j'appelle « folie », il y a la fascination de quelque chose qui est poussé à un tel point d'incandescence, d'intensité, que cela en devient mortel.

Vous utilisez des termes forts comme : incandescence, intensité, gouffre, inversion de vie en mort et vice versa. Cela me fait penser à une expérience au-delà des limites telle que l'extase...

Oui, je suis très sensible à l'extase. L'extase a pour moi deux sources. La première est la contemplation : sainte Thérèse d'Avila connaît l'extase au travers de l'apparition de Jésus. Et la seconde vient de la source érotique. Dans l'amour, les deux se rejoignent. L'union de la contemplation et de l'éros constitue une extase que seul l'être féminin me procure. C'est en cela que réside ma fascination.

Sur quelles interrogations psychologiques, métaphysiques ou spirituelles, cette partie féminine, en vous, a-t-elle débouché ?

Ce qui me gêne dans votre question, c'est que vous semblez séparer le masculin du féminin. Vous me demandez de faire un effort intellectuel et de me concentrer sur l'aspect féminin de mon être, à l'exclusion du masculin. Je peux me polariser sur mon féminin, mais je ne peux pas le séparer. Mon masculin est dans mon féminin et mon féminin est dans mon masculin.

Pour poser la question différemment, étant donné que cette relation intime du masculin et du féminin peut être vue comme un couple intérieur, comment avez-vous observé en vous l'évolution de ce couple ?

En vérité, je n'ai pas subi de processus de libérations successives. Je crois que tel j'étais adolescent, tel je suis aujourd'hui. Je ne me souviens pas d'avoir roulé des mécaniques, joué les malabars, ni avoir eu un goût prononcé pour la compétition et avoir eu un soubresaut qui m'arracha à tout cela. Je ne peux que revenir à cette phrase de Michelet qui a été très éclairante avant même que je ne travaille sur le problème de l'esprit, du cerveau et de l'histoire des deux hémisphères. Dès le début, j'ai été frappé par les gens qui disaient que les contraires étaient indissociables, sans que l'un doive exclure l'autre. Je pense surtout à Hegel et Héraclite. C'est davantage par le biais de mes études et de mes connaissances que ma conception de la complexité s'est développée dans ma conscience, convaincu que tous les antagonismes sont complémentaires, que les polarités qui semblent s'exclure l'une l'autre sont nécessaires l'une à l'autre. C'est cela, la base de ma philosophie de la complexité : tout ce que les gens voient comme éléments antagonistes sont en réalité complémentaires et s'entrefécondent. Cette idée occupait mon esprit depuis bien avant mon adolescence. À treize, quatorze ans, j'étais déjà fasciné par tout ce qui incitait au doute. Que ce soit dans mes lectures de Montaigne ou d'Anatole France, comme dans tout ce qui m'incitait à la foi et aux fusions mystiques, comme par exemple chez Dostoïevski. Je vivais des pulsions contraires, et à un moment j'ai compris que l'une ne valait pas mieux que l'autre, mais qu'elles devaient coexister. Étant ainsi conformé mentalement, je puis comprendre la complémentarité du masculin et du féminin ainsi que la présence du féminin en moi.

Dans une émission d'Arte, vous vous insurgiez contre l'excès des valeurs masculines que nous avons collectivement développées au détriment d'autres valeurs. Vous dites : « Nous sommes dans une époque où l'activisme est prédominant, dans une surproduction des biens matériels. Nous nous sommes lancés dans l'agitation et nous cherchons ce qui nous manque. » Que nous manque-t-il d'après vous ?

Ce qui nous manque, c'est tout ce qui était présent dans notre civilisation et que nous avons rejeté, c'est-à-dire la poésie, la musique, la culture, la sensibilité. De plus ont été refoulées dans notre civilisation des valeurs qui restent présentes dans d'autres. Je pense tout particulièrement au silence, à la contemplation et à la méditation. Chez nous, tout cela a été très carencé par l'activisme. C'est une première chose. Mais j'aimerais revenir à un aspect fondamental dans ma conception des choses.

Au départ, je suis très fraternaliste. Un des aspects importants qui m'est apparu lorsque je travaillais sur le problème de la Vie – que je tente d'éclaircir dans mon livre *Terre Patrie* –, c'est l'idée qu'il ne peut pas y avoir de frères sans mère. C'est l'idée de « matrie ». L'idée que le maternel est quelque chose de fondamental et d'antérieur. Dans un autre livre, *Le Paradigme perdu*, je développe cette thèse, dont je ne suis d'ailleurs pas l'auteur, mais qui me semble essentielle : dans l'histoire de l'hominisation, il y a d'abord la mère et les enfants. Chez les chimpanzés par exemple, il n'y a pas de père ; on ne sait pas qui est le père. Et au cours de l'évolution des civilisations – les civilisations archaïques nous l'ont bien démontré –, les frères de la mère peuvent jouer un rôle d'oncle qui est un rôle d'autorité parentale. Autrement dit, le père reconnu comme géniteur arrive tardivement. Le père est un dernier venu, presque un perturbateur. C'est pour cela qu'il y a eu le tabou de l'inceste. On a cru que le tabou de l'inceste frappait le rapport mère-fils. À mon avis, il ne s'agit pas du tout de cela car, encore une fois, chez les chimpanzés il n'y a pas d'inceste entre la mère et le fils devenu adulte, simplement parce que je pense que la cohabitation crée une sorte d'inhibition spontanée naturelle. Ce sera surtout cet étranger – le père – dans la maison, qui tôt ou tard voudra s'emparer de la fille. Donc le père est un intrus, un être dangereux, tout en étant simultanément le protecteur. Cette idée est l'inverse du mythe de Freud qui est devenu une croyance. Pour Freud, tout commence par le père. Il y a un chef de horde. Et on est obligé de tuer le père pour créer une société qui a des règles. Or, d'après moi, ce n'est pas : « Au début était le père », mais : « Au début était la mère. »

Donc l'idée de maternité, centrale et cruciale, m'a semblé de plus en plus importante en ce qui concerne les fondements de la fraternité. La fraternité est fondée sur un rapport avec la mère. C'est la raison pour laquelle j'utilise beaucoup le mot « matrie ».

Pourquoi n'avez-vous pas intitulé votre livre Terre Matrie *au lieu de* Terre Patrie *?*

Parce que « patrie » est un mot masculin-féminin. Il commence au masculin et se termine au féminin. Et comme je définis une patrie par le fait d'avoir un sentiment d'identité commune, d'origine commune et de destin commun, ces trois notions permettent de dire : « J'ai une patrie dans laquelle il y a un facteur d'autorité responsable qui est symbolisé par le père. »

Avez-vous constaté une évolution de la place du féminin dans la culture occidentale ? Selon vous, les valeurs féminines ont-elles des chances d'avoir davantage de place dans l'avenir ?

C'est une tendance qui a été accélérée à partir des années soixante-dix. On a vu surgir à ce moment-là un mouvement néo-féminin qui était différent de l'ancien féminisme. L'ancien féminisme disait : « Nous sommes comme les hommes. Nous voulons les mêmes droits que les hommes. » Le nouveau féminisme dit : « Nous sommes différentes, mais nous devons avoir les mêmes droits. » C'est-à-dire qu'il y a eu une rupture entre le féminisme classique, qui s'étend des suffragettes jusqu'à Simone de Beauvoir, et cette nouvelle idée fondée non plus sur l'identification homme-femme mais sur la différence dans l'égalité. Alors qu'avant les magazines féminins essayaient d'entretenir les femmes dans leur condition de femme-objet : « Soyez belles, coquettes, séduisantes, entretenez votre petit mari... », on a vu les nouveaux magazines axer leurs éditoriaux sur des sujets problématisés : « Vous allez vieillir », « Vos enfants vont quitter le foyer », etc. Au lieu d'infantiliser les lectrices, ils se sont mis à poser des problèmes. On peut observer une évolution analogue dans le monde du cinéma : on est passé de l'éternel *happy end* à des fins de films plus imprévisibles et pas nécessairement heureuses. D'autre part, l'accès aux carrières publiques et politiques reste encore très difficile pour les femmes. Sur le plan des mœurs est apparu le phénomène des pères maternels, qui existaient aux États-Unis depuis très longtemps : l'homme qui faisait la vaisselle, poussait le landau, portait les enfants. Il y a eu une féminisation des rôles masculins et les femmes ont pu ainsi travailler et masculiniser leurs rôles sociaux. La dualité féminin-masculin se complexifie nécessairement. Les tenues dites « unisexes » naissent non pas pour uniformiser, mais pour permettre ce double jeu. Tous ces signes marquent une certaine évolution.

Vous dites que notre civilisation est passée de l'identification homme-femme à la différence homme-femme dans l'égalité. Qu'y a-t-il de nouveau à inventer ? Paule Salomon parle d'androgynie : « L'androgyne est par excellence l'être de la réconciliation, la perfection d'un monde perdu, d'un monde d'avant la coupure. » Selon vous, l'androgyne est-il une création de notre imaginaire, ou bien une réalisation-avenir, à venir ?

C'est l'actualisation de nos deux potentialités. C'est un mythe de synthèse intérieure... Je crois que nous pouvons devenir relativement, incomplètement, androgynes.

Il est clair que l'objet principal de votre recherche et de vos préoccupations va dans le sens d'une résolution des paradoxes : le tout et la partie. Comment sauver à la fois l'unité et la diversité, envisager une conscience planétaire et la fragmentation, le donné et le recevoir... Cette recherche de l'harmonisation des contraires n'appartient-elle pas à une fonction spécifiquement féminine de la conscience ? C'est-à-dire qu'il y aurait une forme de rationalité féminine – globalisante, holistique – contrastant avec la rationalité masculine en vogue – diviseuse, réductionniste ?

La complémentarisation va au-delà du masculin et du féminin. Elle les englobe et fait émerger l'humanité accomplie.

L'être intime

ENTRETIEN AVEC MARIE DE HENNEZEL

Que se passe-t-il, intimement, lorsqu'un homme ou une femme meurt ? Par son action et son expérience d'accompagnatrice au chevet des mourants, Marie de Hennezel témoigne de la nécessité d'une réconciliation intérieure qui, au-delà des sexes, débouche non seulement sur la globalité de l'être, mais aussi sur toute l'affectivité refoulée durant l'existence : que de temps perdu !

Question : L'accompagnement des personnes en fin de vie, était-ce, chez vous, une vocation ?

Marie de Hennezel : L'intériorité m'a toujours intéressée. J'étais une petite fille plutôt introvertie, une enfant qui avait une vie intérieure. Et j'aimais explorer cette vie intérieure. C'est pourquoi j'ai fait des études de psychologie. L'accompagnement des personnes en fin de vie était pour moi la quintessence de mon travail de psychologue. Je percevais que ces personnes avaient cette capacité à s'intérioriser. Affaiblies par la maladie, angoissées, elles étaient prêtes à aller à la rencontre d'elles-mêmes. Une personne en pleine possession de ses moyens, insérée dans la vie active, se pose moins de questions. Ce sont les cris du dedans et la souffrance qui nous poussent à nous mettre en contact avec nous-mêmes.

Dans mon livre *La Mort intime*, je suis consciente d'avoir soulevé deux tabous. Tout le monde est d'accord sur le tabou de la mort, mais il y a un énorme tabou, dont on parle peu, c'est celui de l'intimité. La plupart des gens ne parlent pas de ce qu'ils ressentent profondément. Ils ont beaucoup de mal à exprimer leurs sentiments, tout particulièrement lorsqu'il s'agit de leurs proches. Nous vivons dans une grande pauvreté affective que nous ne percevons pas dans les milieux où les gens travaillent sur eux-mêmes, mais à l'hôpital je rencontre toutes les couches de la population, et je peux dire que dans la grande majorité des cas, nos contemporains ne savent pas être à l'écoute d'eux-mêmes ; ils sont plus démunis que jamais pour partager ce qu'ils ressentent.

Quel rôle a joué votre analyse jungienne, avec Élie Humbert, dans l'éclosion de votre féminité intérieure ?

La féminité intérieure apparaît à travers des images masculines d'*animus* chez la femme et non à travers des images d'*anima* (*cf.* p. 83). Avant mon analyse, mes rêves faisaient apparaître des images d'*animus* non épanouies : des hommes handicapés ou mutilés. Au cours de l'analyse, ces images ont évolué et ont laissé place à d'autres, plus harmonieuses. Et, progressivement, j'ai pu développer en moi les fonctions sentiments et sensations qui avaient été castrées. Peu à peu, ma faculté d'entrer en contact avec mes sensations et mes sentiments est revenue à la vie. Je situerai ma féminité intérieure dans ma capacité de sentir, de m'émouvoir. Elle s'est dévéloppée avec l'apparition, dans mes rêves, d'hommes *anima*. En effet, les *animus* qui apparaissaient à la fin de mon analyse étaient des *animus* particulièrement sages. Des figures de prêtres et de mystiques. Des hommes qui connaissaient les secrets de la nature et qui la respectaient. Cela a un rapport direct avec le travail que je fais maintenant auprès des personnes en fin de vie. J'ai constaté, en dix ans d'écoute de ces personnes, que je ne suis pas la seule à avoir été mutilée dans mon affectivité. C'est le cas de la plupart de nos contemporains qui n'ont jamais été à l'écoute de ce qu'ils sentaient, de ce qu'ils éprouvaient, et ont encore moins osé l'exprimer aux autres. Dans ces moments ultimes où nous avons une conscience du peu de temps qui nous reste à vivre, entrer en contact avec son être intime et affectif, aller au bout de soi-même, devient une réelle nécessité. Je suis particulièrement attentive à accueillir et à favoriser cette relation à soi-même. C'est pour moi le sens même de l'accompagnement. Faire de l'espace pour tout ce qui vient.

Avez-vous traversé, à un moment de votre vie, une phase de protestation virile ?

Dans le désir d'être un homme ou de porter le pantalon, non. Je n'ai jamais eu de réactions féministes ou le désir d'appartenir à une solidarité de femmes qui se seraient liguées contre les hommes. Comme tout le monde, j'ai été entourée d'hommes machos, mais je n'ai pas ressenti, face à eux, le désir de les castrer ou de leur enlever leur pouvoir. Je me classe plutôt dans la catégorie des femmes séductrices. J'ai davantage essayé d'entrer en contact avec eux ou de faire appel à leur *anima.* C'est vrai, il y a des femmes qui mettent leur *animus* en guerre contre l'homme, mais en ce qui me concerne, j'ai toujours essayé de contacter l'*anima* des hommes. Et j'ai le sentiment de n'avoir pas trop mal réussi ! C'était une façon de ne pas me mettre sur un terrain de compétition. D'ailleurs, ma profession n'est pas une profession qui demande des qualités viriles. J'ai choisi un métier d'écoute, dans lequel on prend le temps, où on n'est pas dans la course...

L'haptonomie – science de l'affectivité créée par Frans Veldman – a joué un rôle important dans votre vie...

Oui, l'haptonomie est une approche d'ouverture qui développe la capacité de sentir, de s'ouvrir, d'accueillir. C'est à mon avis une voie qui va plus loin que l'analyse car elle tient compte de la corporalité animée. Notre manière d'être dans notre corps passe par la peau. On se développe à travers les contacts de la peau qui enregistre les empreintes positives et négatives de ce que nous avons vécu. Et c'est ce contact avec la peau qui peut permettre de retrouver un état d'ouverture et d'accueil. Mais, bien souvent, on se referme pour se protéger des agressions du monde extérieur. L'haptonomie permet également de nous relier à notre intuition qui est ce contact en dehors de l'espace-temps. Nourrir cet axe permet de développer un sentiment juste.

Je crois qu'en haptonomie on utilise beaucoup les concepts d'affectivité et d'effectivité...?

Il est vrai que le monde de l'effectivité, de la compétitivité, de l'efficacité correspond aux valeurs portées par le monde masculin. Tandis que l'accueil, accepter les choses comme elles sont, l'être sont des qualités d'essence féminine. Face à tout ce que notre société rejette : la vieillesse, la souffrance, le handicap, tout ce qui évoque la castration, on sent bien que notre monde, qui vit sur l'effectivité, n'est pas prêt à assumer cet aspect d'ombre.

Au début de mon analyse avec Élie Humbert je rêvais beaucoup de carmélites. J'ai d'abord repoussé ces images. Puis elles sont devenues de plus en plus lumineuses. Je me souviens d'un rêve dans lequel une femme avait les cheveux longs et une autre femme les lui avait coupés. À ma grande surprise, cette femme à qui on avait coupé les cheveux vivait très bien ce changement. C'était une image de castration symbolique bien vécue. Et je peux mettre cela en rapport avec une question que l'on me pose souvent : « Vivez-vous bien au quotidien le fait d'être confrontée en permanence à la souffrance des autres ? » Je ne sais pas l'expliquer, mais c'est quelque chose que j'accepte. Je n'ai jamais senti de révolte contre la mort. Mon énergie va chercher la part de lumière dans ce qui est rejeté, ce qui fait peur... Ma question a toujours été : « Qu'y a-t-il au-delà des apparences ? »

À lire votre livre ou à vous écouter, je ressens la relation que vous établissez avec ces êtres en fin de vie comme miraculeuse, dans le sens où un retournement total du regard sur la vie, sur eux-mêmes, sur leurs proches se produit le plus souvent... Un retournement que l'on a pu espérer sa vie entière et qui soudainement est induit, de manière à la fois si simple – et si rare –, par la présence à nos côtés d'un être qui s'ouvre et qui écoute...

Cette notion de miraculeux est intéressante... « Miracle » vient de *mirare* qui veut dire : contempler avec admiration. Je crois que le *miracle* arrive quand on pose un regard suffisamment vaste sur une réalité pour qu'il ne s'arrête pas à la première apparence. Dans mon travail, je suis très souvent dans l'admiration devant ce qui émerge chez ces êtres que j'accompagne. C'est ce regard-là que j'essaie de transmettre. Tout dépend du regard que l'on pose. Sur une même réalité, une autre personne pourra poser un regard complètement différent. Je rencontre quotidiennement des proches de personnes en fin de vie qui me disent : « C'est affreux, il souffre, il faut vraiment mettre un terme, c'est épouvantable... » Moi, je vois autre chose. Et c'est grâce à cet autre regard qu'un miracle peut se produire. On est toujours en interaction car il y a plusieurs niveaux de réalité. Cela, je le vis au quotidien. Je pense que notre responsabilité d'humain près des êtres qui souffrent est de nous ouvrir à eux et de les contempler avec admiration... Si nous jetons un regard complètement noir et désespérant sur cette réalité, et que nous nous attachons seulement à la dégradation physique et à la souffrance, nous n'aurons aucune chance de découvrir qu'il y a autre chose que l'apparente réalité de l'existence. Un regard confiant encourage et permet cette émergence.

Ces êtres en fin de vie sont vos maîtres...

Oui, ils m'enseignent que l'humain a une capacité de transformation extraordinaire. C'est une grande leçon. Cela renforce notre confiance dans l'inconscient, le Soi, dans les capacités d'aller vers soi-même, de s'accomplir.

Avez-vous l'impression que, depuis plusieurs années, ce travail d'accompagnement aux mourants s'est développé de manière conséquente, dans les hôpitaux ?

Je pense qu'il y a énormément à faire. L'affectivité fait peur. Il y a cependant une évolution, là où des femmes qui occupent des postes à responsabilités ont cette ouverture, qu'elles soient médecins ou surveillantes. Plus les femmes sont près du corps des malades plus les choses bougent. Les infirmières et les aides soignantes peuvent énormément favoriser cette ouverture. Mais en même temps, malgré toute leur bonne volonté, ces femmes se sentent très isolées car elles vivent dans un environnement extrêmement technique, qui met à distance et qui reste encore très masculin.

D'où vient la peur de la rencontre avec l'intimité ?

C'est la peur d'être envahi par les émotions. L'intimité est un tabou. Nous avons très peur de l'explosion émotionnelle, de craquer, du jugement des autres. Dans le service où j'ai travaillé, nous avons fait un travail sur l'affectivité et, depuis, le fait de craquer n'est pas vécu comme une faiblesse, mais au contraire comme une confiance faite au reste de l'équipe. Mais c'est une exception. Ailleurs, ce n'est pas comme ça. Cela nous renvoie au fait que, dans notre société, il n'y a pas de place pour l'affectif, l'intime.

Comment les infirmières ou le personnel soignant sont-ils formés à « l'affectivité » ?

Ce n'est pas moi qui les ai formés mais je les ai encouragés à suivre une formation d'haptonomie. Ensuite, c'est quelque chose qui se transmet par la manière d'être. Quand une jeune infirmière arrive et qu'elle voit une collègue plus ancienne être proche physiquement d'un patient et rester calme alors que le patient éclate en sanglots, elle apprend non seulement que c'est possible, mais aussi que c'est permis. Elle comprend que l'on peut accueillir l'émotion sans se détruire pour autant. Ce travail est exceptionnel et loin de faire l'unanimité dans les lieux hospitaliers. D'ailleurs, mon livre a déclenché de nombreuses polémiques sur ce sujet.

À quoi les gens ont-ils réagi ?

À la proximité physique... Ils pensent que c'est dangereux pour les infirmières d'être trop proches des patients. Les polémiques ne tiennent pas compte du fait que nous avons travaillé, que nous nous sommes donné les moyens d'en arriver là. Tout changement demande de se donner les moyens de changer. Cela veut dire se former, modifier les rapports hiérarchiques dans une équipe, dialoguer les uns avec les autres, ce que la plupart des équipes ne font pas. Il n'y a pas de place pour la parole, l'échange, le partage, chacun vit solitairement. C'est un monde de fermeture terrible et tout ce qui a trait à l'affectif, à l'âme, au sentiment, n'a pas de place dans notre société. Nous sommes des robots. Or contempler, c'est poser son regard sur ce qui est autour. Un regard vaste, un regard qui accueille ce qui est.

Hommes et femmes d'aujourd'hui...
... entre ressemblances et différences

JACQUES SALOMÉ

Il faudrait passer un nouveau contrat social : non plus entre classes dirigeantes et dirigées, mais, beaucoup plus efficacement, entre hommes et femmes. Et ce, non pour intervertir des rôles illusoires, mais bien au contraire afin de susciter des complémentarités nouvelles, créatrices, positives.

Ce sont les femmes qui le plus souvent, avec beaucoup de ténacité et d'enthousiasme, depuis plusieurs décennies, ont pris en charge les progrès en matière de communication relationnelle. Elles sont des pionnières dans le domaine de l'amélioration de la communication intime, dans la quête d'un mieux-être, dans l'amplification de la vie, dans l'ouverture vivifiante à autrui.

Les hommes, dont je suis, étaient surtout mobilisés par la réussite professionnelle, polarisés par les conquêtes et la maîtrise sur la matière, ils restaient obnubilés par la communication de consommation. Celle qui domine massivement aujourd'hui, car elle est confondue avec la circulation d'informations, avec l'inflation des outils de la communication. Celle qui se perd et se dilue en discussions, celle qui vise à l'appropriation des idées, à l'imposition et à l'uniformisation des échanges. Cette communication de consommation est aux antipodes de la communication relationnelle qui vise à une mise en commun, à des confrontations ou à des partages créatifs.

La communication de consommation méconnaît massivement la tendresse, elle néglige la richesse potentielle des multiples langages infraverbaux, celle des vibrations subtiles qui peuvent circuler entre les êtres vivants. Pourtant, quelque 70 % de la communication humaine passent par des modalités non verbales !

On me demande souvent : « Qu'est-ce qui a changé entre les hommes et les femmes depuis quelques années ? »

Rien dans le nécessaire et l'évidence concernant les apparences, les stéréotypes et les archétypes du masculin et du féminin. Qu'il s'agisse du domaine personnel ou public, les inégalités subsistent, les rapports de force et souvent de violence ou de séduction continuent de régir les échanges et les relations hommes/femmes.

Les modèles relationnels de dépendance voilés ou manifestes restent dominants, actifs et présents. Ils donnent lieu à des interactions la plupart du temps déséquilibrées, souvent terroristes, parfois violentes, toujours difficiles et conflictuelles.

Pourtant, en même temps, beaucoup de choses ont changé sur l'essentiel et dans la nature même des besoins et des attentes de chacun en matière de communication.

Les femmes ont une part active dans ces changements profonds. Chez elles, des mutations irréversibles se sont amorcées, lentement, progressivement, et irrésistiblement. Elles sont habitées par une aspiration réelle, active, authentique et exigeante, pour une qualité de relation recherchée dans des échanges ouverts et un partenariat créatif.

Elles sont animées par un souci vital, impérieux, de se respecter et d'être à l'écoute de leurs besoins de femmes. Elles se montrent surtout capables de se donner les moyens de ne plus laisser dépendre leur valeur de l'homme. Ce qui a changé ainsi, c'est le désir d'une plus grande réciprocité dans le partage des ressentis, des émotions et des sentiments.

Témoignages

Ce que disent les femmes :

« Je lui demande souvent ce qu'il ressent. Je ne me contente plus de réponses vagues, généralisantes, au niveau de la tête, j'attends les mots du cœur, des tripes.

« Je l'invite à dire ses émotions et aussi à exprimer le plus difficile, la multiplicité des sentiments, leur coloration infinie et chatoyante, leur profondeur variable, leur densité cyclique... »

« Entre le blanc ou le noir d'une déclaration, d'une affirmation, je suis sensible à toute la palette des roses, des gris, des jaunes, des bleus, des violets... »

« Ce qui a changé, c'est mon regard sur ce qui m'apparaissait jusque-là comme des évidences. C'est mon écoute et mon attention sur tout l'implicite qui circulait entre nous. C'est mon attitude, plus lucide devant mes propres aveuglements. »

Et leurs partenaires mâles nous confient :

« Je ne peux plus me contenter de lui donner seulement mon point de vue, mes idées, ou tenir des discours sur la faim dans le tiers monde ou l'écologie ! Elle attend de moi que je me positionne, que je me situe personnellement, que je mette en pratique au quotidien mes belles idées. Elle ne se satisfait plus d'intentions ou de bons sentiments. Le tiers monde, avec elle, n'est pas à cinq mille kilomètres ! Il est là tout proche, réel, au présent, à la table familiale, dans le lit conjugal... »

« Ce qui a changé avec elle, c'est qu'elle n'entre plus dans mes désirs ou dans mes projets sans discussion, sans un positionnement qui reflète ce qu'elle éprouve. Elle peut même parfois, ce qu'elle n'osait faire autrefois, s'affirmer par un refus, quand elle ne se reconnaît pas dans mes demandes ! »

« Elle m'a fait découvrir la différence entre fidélité à soi et fidélité à l'autre. Elle privilégie aujourd'hui dans notre relation la fidélité à elle-même. Elle m'entraîne ainsi à me respecter plus dans mes propres choix de vie... »

« Ce qu'il y a de nouveau, c'est la qualité de ses demandes, il y a moins de chantage affectif, moins de plaintes, moins d'accusations et de reproches... »

« Ce qui a changé, c'est le partage des rôles. Ils ne

sont plus fixés et définis pour toujours. J'ai le sentiment d'être entraîné à inventer notre relation au présent... »

Chacune de ces femmes et chacun de ces hommes dont j'ai rapporté ici les témoignages confirment bien les prises de conscience et les attentes nouvelles sur le développement d'une autre écoute nécessaire ou d'une autre forme de mise en commun possible. Pour sortir et dépasser les pièges et les malentendus de la pseudo-communication dans laquelle, d'ailleurs, ils ne se savaient pas depuis si longtemps enfermés ! Mais qu'ils (qu'elles surtout) pressentaient comme insatisfaisante, aliénante, non épanouissante.

Ce qui a changé, c'est le souhait d'une meilleure cohabitation de deux libertés souvent antagonistes : celle de pouvoir s'aimer et d'aimer la liberté de l'autre. C'est une aspiration vers une maturation, un agrandissement et une croissance en réciprocité, au-delà d'une « fécondité extérieure » tout entière, investie dans un projet de procréation.

Les hommes et les femmes d'aujourd'hui vivent le couple comme un lieu de transformation personnelle qui leur permet d'accéder à une double intimité. Intimité commune et partagée, intimité personnelle plus réservée.

« J'accepte mieux les différences et même les divergences. Autrefois, tout différend dégénérait en conflit. L'ensemble de notre relation se trouvait en danger si ma femme avait un point de vue différent du mien ! »

« Je prends le risque de ses réactions irritées ou dénigrantes chaque fois que je le renvoie à lui-même, mais je vois que ces positionnements constants, que je maintiens pour me respecter, valent la peine... »

« J'ai compris à quel point je contribuais, par mon attitude, à entretenir malentendus et insatisfactions dans nos relations. Je me glissais dans chacune de ses attentes, il m'arrivait même souvent de les anticiper. Je me rendais toujours disponible quand il m'appelait au pied levé et j'avais en même temps la sensation désagréable d'être prise pour une poire ! J'ai découvert qu'au lieu d'attendre sa décision je pouvais me positionner moi-même et qu'en prenant le risque de mes choix je le mettais en situation de se positionner lui-même. »

Toutes ces évolutions, ces changements, ne vont pas sans quelques souffrances et parfois même des décisions de séparation. Avec parfois des détresses et des nostalgies, comme dans ce dernier témoignage :

« Quel est aujourd'hui le sens de mon existence de femme ? Femme de la génération des rencontres où les hommes viennent tout près, puis partent au loin, tirés vers l'avant de leurs peurs plutôt qu'attirés par le mouvement de leurs désirs. Je ne vois pas un demain de nouvelles rencontres. Je me construis en solitude avec le meilleur de moi. »

Ce qui a changé de façon sensible, c'est la nature du rêve de vie de chacun.

Les femmes ne se contentent plus de projeter sur leurs partenaires ce rêve de vie dont la réalisation leur était autrefois entièrement confiée. Elles ne déposent plus chez les hommes ce rêve de bonheur assuré et indestructible au prix d'un amour sans fin, garanti éternel... grâce à leur propre constance ou à leur soumission.

Elles se responsabilisent mieux dans la recherche d'un mieux-être en commun... Les femmes sont passées aujourd'hui d'un idéalisme romantique à un réalisme relationnel tendre et lucide, inscrit au présent, actif et ouvert sur des relations de réciprocité, de co-créativité et de co-assistance.

Ce qui a changé aussi, il faut le dire, c'est le prix à payer que mesurent et évaluent certaines, qui prennent le risque de ne plus se laisser définir, consommer ou diriger. Elles sont prêtes à supporter l'épreuve de l'inconfort et de la désécurisation, elles acceptent un peu plus de solitude parfois, pour continuer à pouvoir se respecter.

Les femmes de quarante ans aujourd'hui sont souvent rayonnantes et splendides de vitalité débordante, de dynamisme et d'enthousiasme pour une vie à construire au quotidien... Elles sont pleines d'amour à donner, de joyeuseté à recevoir... Sans toujours trouver un partenaire à la hauteur de leurs aspirations. Sans pouvoir rencontrer un co-équipier libéré de ses propres blessures de vie, attentif à ses vulnérabilités personnelles, réconcilié avec le féminin qui est en lui.

Mon invitation à l'adresse des femmes pourrait se résumer ainsi : « Osez ! » Osez encore nous apprivoiser, osez nous guider pour nous initier et nous donner l'occasion de rencontrer le meilleur de nous, pour nous familiariser avec le féminin qui est en nous afin de le partager sans rivalité, sans compétition, avec le meilleur de vous.

La fécondité intérieure

ENTRETIEN AVEC ANNICK DE SOUZENELLE

Que nous enseigne profondément notre existence ? Que tout se passe comme si nous devions réaliser nos vies dans le monde, à l'extérieur de nous-mêmes, mais aussi dans l'être, à l'intérieur de nous-mêmes. Le travail sur le conscient ne peut se faire sans un travail sur l'inconscient. Annick de Souzenelle, qui a publié un livre remarquable sur le « féminin de l'être », nous dit ses convictions et ses espoirs.

Annick de Souzenelle : Nous avons tous à « devenir »... L'homme d'aujourd'hui n'est pas l'homme définitif. Pour l'instant, l'homme est très identifié à son inconscient. Mais une lente montée de conscience se fait depuis le début des temps et se fera jusqu'à la fin des temps. L'homme est comparable à un arbre qui grandit et dont la sève monte. Le thème de la fécondité est donc essentiel. Mais on a trop longtemps confondu le fruit de cet arbre, et donc l'objet même de la fécondité, avec l'enfant qu'un couple met au monde. L'enfant est béni, mais il n'est pas le but, il n'est pas le fruit. Dans mes ouvrages, j'ai souvent mis l'accent sur ce qui est dit de la création de l'homme – de l'Adam – dans la Genèse : « À l'image de Dieu » et « mâle et femelle il est créé ». Il est bien entendu qu'à un tout premier niveau, celui du sixième jour qui voit aussi l'apparition des animaux de la Terre, Adam est comme ces derniers « mâle et femelle », dans les catégories biologiques, et voué à la procréation. Mais à un autre niveau, qui fera l'objet du septième jour, l'homme en tant qu'image de Dieu est appelé à faire un passage essentiel dans la réalisation de cette image, et le vocable « mâle et femelle » prend alors une tout autre signification : est « mâle » celui (ou cela) qui « se souvient » de cet autre « côté » de lui-même (et non d'une « côte » !), lourd de l'image divine ; il s'agit dans ce pôle « femelle » d'un féminin intérieur à tout être humain, côté voilé pour lui parce que encore inconscient, mais riche d'un potentiel inouï.

Épouser ce féminin-là pour faire grandir « l'image », comme grandit en effet un enfant dans un ventre maternel pour atteindre à la « ressemblance à Dieu », est alors la vocation réelle de l'homme (hommes et femmes). Nous pouvons prolonger l'analogie et dire que l'état de « ressemblance » est celui d'un enfant intérieur prêt à naître au neuvième mois d'une gestation essentielle. À ce terme, ce qui n'était que potentiel est réalisé, l'inconscient est transmuté en conscience. L'arbre a donné son fruit : l'homme déifié.

Là est la vraie fécondité.

Malheureusement, je lis encore aujourd'hui de nombreux ouvrages de théologiens qui continuent de confondre ce féminin des profondeurs en chacun avec la femme extérieure, qu'on voile alors d'une façon ou d'une autre...

L'humanité s'est donc arrêtée à ce stade, et les Églises participeraient à ce réductionnisme ?

Oui, les instances religieuses se sont dramatiquement arrêtées là ! En Occident, jusqu'au concile Vatican II, le mariage n'a eu pour finalité que la procréation. Un couple sans enfant était terriblement culpabilisé. Non moins culpabilisante était l'union accomplie hors de ce propos. Navrant !

Vous venez de dire que l'homme est à devenir... À travers la rencontre amoureuse, sorte d'état d'illumination, n'a-t-on pas, inconsciemment, l'impression qu'enfin l'être aimé va nous aider à faire fleurir en nous ce germe potentiel d'humanité que nous n'arrivons pas à faire émerger seul ? La relation de couple peut-elle être une voie d'évolution vers ce devenir dont vous parlez ?

Être amoureux tient d'une magie dont la folie, en l'homme ou en la femme, résulte de cette même « montée de sève » que j'évoquais tout à l'heure. Mais, en l'occurrence, cette montée de sève est totalement investie « à l'horizontale », récupérée dans les relations humaines ; elle ne fait plus l'objet du mariage intérieur qui, lui, assure la verticalisation de l'être et le conduit jusqu'à l'expérience de la « folie en Dieu ».

En l'homme, cette sève est la puissance de l'éros, de source et de finalité divines, mais dont une partie dessert, si j'ose dire, les étages intermédiaires : la vie génitale et l'offre affective s'en nourrissent, mais se voient transformées par un appel plus puissant encore, celui des épousailles divines.

En profondeur, la vie de l'homme n'est que nous ! Mais lorsque les ordres intermédiaires captent toute la sève et qu'ils s'octroient la dimension d'absolu, qui n'est qu'en Dieu, les lendemains sont désenchanteurs, pour ne pas dire parfois très douloureux ; chacun des deux partenaires, coupé de lui-même – étranger à cet autre « côté » de lui-même – exige de l'autre un absolu et s'irrite de ce qu'il ne le lui apporte pas. Il s'agit là d'un jeu hélas inconscient !

Mais lorsque l'homme devient conscient, cette magie de l'amour de deux êtres peut admirablement contribuer à la transformation intérieure de chacun. Lorsqu'ils remplacent cette poussée de sève dans le souffle de l'appel divin, ils ne vivent pas là des forces contraires, mais des étapes différentes d'une même force, dont l'une illumine l'autre. Une transcendance nous habite, qui transforme tout ; je dirais que nous devons nous laisser envahir par elle. En ce sens, le mariage n'est pas une moins grande ascèse que les autres formes de vie, celle du moine ou du célibataire ; toutes ont le même but. Mais le mariage en est une icône directe.

Aujourd'hui plus que jamais, nous avons besoin de replacer toutes ces valeurs dans leur vraie lumière. Il nous faut une exigence autre...

Peut-on voir à travers le symptôme du divorce, qui se développe de plus en plus, le symbole, précisément, de cette autre exigence ? Par exemple, un début de prise de conscience que l'autre ne peut pas faire le travail intérieur à notre place, et que la recherche du bonheur à l'extérieur de soi n'est qu'illusion ?

Je ne sais si nous pouvons poser le problème de cette façon. Je crois que la multiplication des divorces est encore une réaction aux interdits d'autrefois. Nous arrivons à la fin d'un monde qui était basé sur une éthique morale. On ne divorçait pas, c'était interdit par l'Église d'Occident.

Cette loi faisait partie intégrante de l'éthique, mais celle-ci est en train de s'effondrer. On n'a pas encore reconstruit pour autant un autre paradigme. Aujourd'hui, on ne veut plus obéir à une loi, mais en comprendre le sens. Je pense que les divorces font partie de ces conflits auxquels on croit pouvoir donner une solution en les contournant. Si deux êtres qui se séparent ne se remettent pas totalement en question, ils risquent de reproduire la même situation par la suite. S'ils se remettent en question, ils peuvent parfois reconstruire une relation à un autre niveau de l'amour. Ce n'est plus la folle magie du premier jour, mais c'est beaucoup plus profond.

Vu ainsi, le divorce est la preuve de notre grande irresponsabilité face à nous-mêmes. La seule aide véritable doit venir de nous-mêmes...

Oui, mais je vous arrête sur le mot « aide » qui, justement, apparaît dans la Bible au deuxième chapitre de la Genèse. Dieu dit : « Il n'est pas bon qu'Adam soit seul, faisons une aide semblable à lui. »

Cette traduction est mauvaise sous bien des aspects, mais surtout en ce qu'elle qualifie l'aide ; il n'est pas possible de traduire par « semblable à », il serait plus juste de parler d'une « aide capable de communiquer avec lui », ou encore « d'être son face à face ». C'est alors que Dieu fait découvrir Adam à cet autre « côté » de lui-même – et non sa « côte » comme je l'ai dit tout à l'heure –, cette part de lui qu'il devra épouser, son féminin intérieur. Adam – chacun de nous – ne peut trouver d'aide qu'en lui-même, en entrant en communication avec lui-même, avec cette part sacrée de ses profondeurs.

En partant de ce constat, comment l'homme et la femme, dans la vie de couple, peuvent-ils cheminer ensemble et s'aider à réaliser ces épousailles intérieures ?

Ce n'est que dans la mesure où l'on communique avec soi-même que l'on peut communiquer avec l'autre à l'extérieur. Cet « autre extérieur » est toujours représentatif de « l'autre intérieur » à soi. L'accepter dans sa totale différence, c'est s'accepter soi-même. Seule cette vraie communication nourrit l'amour. Lorsqu'elle n'existe plus, l'amour meurt.

C'est ce que signifie le « ils n'ont plus de vin » – plus de réjouissances – que Marie fait discrètement remarquer à Jésus dans l'épisode des noces de Cana que rapporte l'évangéliste Jean. L'eau que Jésus transforme alors en vin pour continuer la fête, un vin d'un nectar incomparable, est l'inconscient transformé en conscient, un amour humain encore assez animal qui prend une dimension divine.

Jésus vient alors de renvoyer le Satan. Nous, de même, devons renvoyer tous nos démons, et tout d'abord accepter de les voir, de les nommer et de travailler à leur retournement. C'est cela, la communication avec soi-même, et le commencement d'un travail intérieur. Adam, laboureur de la terre, doit travailler avec toute sa terre intérieure. Alors vient la fécondité !

Nous vivons dans un siècle où, depuis la libération sexuelle, le corps est montré partout. Le corps est exposé, vendu, commercialisé par des films de plus en plus répandus, on peut « voir » l'amour ; l'acte d'amour est devenu une « chose » sans intimité, une image, un objet de consommation... Ne sommes-nous pas allés trop loin ? Cet étalage du « corps-chose » n'est-il pas dangereux au point de nous faire totalement oublier l'Esprit qui vit à l'intérieur ?

Actuellement, nous vivons l'ère du réactionnel par rapport aux interdits d'avant, mais nous sommes aussi tombés dans une autre aliénation ! Et vous avez raison : l'amour n'importe comment, avec n'importe qui, est aussi faux et aussi aliénant, si ce n'est plus, que les refoulements que dénonçait Freud. Je crois qu'il faut rendre au corps sa beauté, sa grandeur.

Novalis, amoureux de l'amour, dit : « Il n'y a qu'un temple au monde et c'est le corps humain. »

Je ne serais pas aussi absolue ! Le cosmos aussi est un temple, la maison que j'habite... Tout peut être temple si j'y contemple la présence divine. Le corps ne doit pas être idolâtré ; il sera transformé en corps spirituel avec la déification de l'homme intérieur ; il inscrit dans la moindre de ses cellules toute transformation de l'être ; il est un témoin.

Alors, quelle est la voie du milieu, celle qui chemine entre les interdits et la déification ?

C'est le « chemin qui a un cœur » dont parle un autre poète, Daniel Pons : « Le chemin des profondeurs où chaque chose est reliée au Verbe divin qui la fonde. » Si nous ne voyons pas derrière le moindre brin d'herbe sa relation à l'archétype divin dont il procède, nous sommes dans un non-sens absolu. Avant tout, il nous faut retrouver la respiration qui unit la terre au ciel et l'homme à Dieu. Parce que nous ne sommes plus dans ce souffle, nous sommes dans une effroyable confusion. Coupés du monde divin, nous sommes dans la même situation que celle du déluge. *Maboul* est le déluge en hébreu. Nous sommes tellement concernés que nous en avons gardé le mot français ! Il signifie l'anarchie la plus totale, l'homme coupé des archétypes.

Celui qui rentre dans l'arche, Noé – et nous sommes tous appelés à devenir des Noé –, rentre dans le souffle, dans la respiration exaltante de la vie divine, et il s'accomplit. Dans l'arche (notre arche intérieure), toute chose reprend sa vraie place, y compris le corps de l'homme.

Dans un couple, il arrive que l'homme ou la femme (c'est le plus souvent la femme) ait un peu plus que l'autre conscience de la nécessité de ces noces intérieures. Une personne peut-elle, par contagion, transformer l'autre ?

Là est la grande difficulté ! Je dirais même l'épreuve ! On peut marquer une distance avec les amis quand on ne parle plus le même langage qu'eux, mais que faire avec le conjoint quand il n'y a plus cette communication possible parce qu'on ne participe plus du même niveau de conscience ? Un vrai mariage, dans le sens sacramentel du terme, devrait résister à une pareille épreuve. Il est alors essentiel que l'un des deux époux ne fasse pas de pression réductrice sur l'autre, et que cet autre non seulement n'entre pas dans le piège du mépris, mais que son amour devienne patience, compréhension, acceptation. C'est le but de son travail intérieur que de conduire vers un degré de conscience plus élevé encore, car tel est le chemin ! Alors, en effet, plus l'un développera cette qualité, plus le chemin se fera pour l'autre, car une sorte de « transfusion sanguine » unit les deux.

Mais si l'un des deux n'a pas « décollé » de son labyrinthe d'inconscience, et s'il ne supporte pas l'avancée de l'autre, il peut parfois être agressif, culpabilisant, voire destructeur. À ce moment-là, une séparation est quelquefois nécessaire. Mais le chemin que poursuit « l'éveillé » peut aussi jouer un rôle pour la transformation de son conjoint.

Il est difficile de parler de ce sujet en termes de généralité ; seule une écoute intérieure à chacun, dans le secret de sa personne, peut dicter la route à suivre.

Nul ne peut juger de la décision de l'autre, dont il est seul à être éclairé et seul responsable.

Mais quand la décision et l'attitude sont justes, ce que vous appelez « contagion » et que j'appelle véritable « transfusion » d'un sang subtil, œuvre d'une manière admirable. Dans notre génération actuelle, c'est en effet la femme qui, généralement, s'éveille plus que l'homme. Il y a de nombreuses raisons à cela, de l'ordre de la nature ainsi que de la culture, pour reprendre des catégories chères à nos temps modernes ; quelquefois, c'est le cas contraire, mais en général l'homme fuit beaucoup cette exigence intérieure ; il se cache inconsciemment derrière ses fonctions familiales, professionnelles, voire « initiatiques » et sacerdotales. Il fuit aussi la femme qui l'oblige à sortir des schémas rassurants d'autrefois.

Aujourd'hui, la femme est très seule. Mais lorsque l'homme entendra enfin le message des profondeurs, l'humanité fera un grand bond. C'est la femme qui, pour l'instant, est génératrice du nouveau paradigme qu'il faut très vite mettre en place.

« La femme est l'avenir de l'homme », écrivait Aragon. Est-elle la jardinière du devenir ?

J'ai été longtemps thérapeute et je travaillais avec cette phrase qu'on trouve dans les Actes des apôtres : « L'un sème, l'autre arrose, Dieu seul fait croître. » Et si nous croyons que nous pouvons faire croître quelque chose ou quelqu'un, nous sommes vraiment dans l'illusion. Donc continuons de semer et d'arroser, d'abord en nous-mêmes, parcourons nous-mêmes le chemin...

Entre ma génération et la vôtre, trente années d'écart. Quels sont les vrais grands changements que vous avez observés dans la vie des femmes ? Il y a bien sûr eu le féminisme et ses excès...

D'après la forme qu'il s'est donnée, le féminisme est lui aussi un phénomène réactionnel. Mais, en soi, l'éveil de la femme est dans l'ordre des choses. J'ai dit dans *Le Symbolisme du corps humain* que, d'une part, une synchronicité liait cette émergence du féminin à une prise en compte de l'inconscient redécouvert par Freud (les Pères de l'Église en avaient déjà parlé) et que, d'autre part, l'arrivée de l'homme sur la lune est un grand tournant de notre histoire. Pour reprendre une grande terminologie biblique, je dirais qu'« une vapeur monte de terre », qui va commencer à arroser notre sécheresse d'intellect et de cœur ! C'est pourquoi cette forme réactionnelle est en train d'évoluer vers plus de justesse. Les choses se mettent en place du fait même que la femme, par son éveil, trouve plus de justesse intérieure. Mais elle est aussi lucide et découvre les fuites, les multiples cachettes de ses partenaires ; elle est souvent amenée à prendre plus qu'elle ne le voudrait la place de l'homme à cause des insuffisances de ce dernier !

De plus en plus de femmes entreprennent un authentique travail intérieur et, parfois, l'émergence de leur être fondamental demande encore une attention consciente et permanente afin qu'il ne soit plus étouffé sous le poids de la responsabilité que les hommes ont fait porter aux femmes depuis le péché originel !

Nous avons été jusqu'ici tellement identifiés à notre inconscient que, incapables de la voir et de la nommer, nous avons pris Ève, cette Ishah de la Genèse, pour la femme, alors qu'elle est le « côté inaccompli » d'Adam, de chacun de nous, donc, dont je vous ai parlé, c'est-à-dire l'inconscient. Dans le paradis terrestre, Adam est seul, un Adam *Ish* et *Ishah*, c'est-à-dire époux et épouse de lui-même à lui-même. De même, aujourd'hui, chacun de nous est seul et le serpent s'adresse d'abord à notre inconscient ; nous sommes alors piégés avant même de le savoir ! Le jeu de séduction est subtil.

Je pense à la femme d'aujourd'hui comme à la lettre *shin* de l'alphabet hébraïque : son idéogramme est un arc tendu à l'extrême avant le départ de la flèche. Son symbole est donc celui de l'extrême rétention, mais aussi celui de la détente infinie. Nul ne peut dire où la flèche ira, mais elle est partie : sa course commence et l'axe dans lequel elle se dirige est celui de l'absolu.

Réinventer ensemble le féminin et le masculin

ENTRETIEN AVEC LE DR RICHARD MOSS

Nous sommes le fruit de conditionnements dont certains pèsent des siècles, voire des millénaires : comment une éducation nouvelle pourrait-elle modifier la répartition sclérosante des rôles et des habitudes dans la vie au quotidien ?

Question : Qu'est-ce que la féminité de l'être pour vous ?

Richard Moss : Quand on parle du masculin et du féminin du point de vue de l'identité sexuelle, cela ne nous pose pas de problème ; de nombreuses espèces dans la nature sont divisées en mâles et femelles. Mais dès que nous commençons à parler de « féminin » ou de « masculin » du point de vue du « genre », nous entrons dans le domaine des forces culturelles. Le genre est principalement un phénomène culturel. Le sexe nous est donné à la base, mais le genre est un conditionnement.

Actuellement, nous vivons à une époque où l'observation empirique, le fait d'établir des cartes et d'objectiver les expériences sont devenus une constante dans notre culture. Je pense surtout à notre manie de créer des territoires intellectuels. En agissant ainsi, nous passons à côté de l'essence des choses, du mystère et du sens de la vie.

Mon cerveau n'est pas ma pensée, mon corps n'est pas cette gamme exquise de sensualité et de sensibilité, et aucune observation empirique du monde, de l'homme ou de la femme en tant qu'objet extérieur, ne peut expliquer ce qu'est un être vivant. Cette manière de regarder le monde en tant qu'objet, nous l'avons appelée masculin. Et, par défaut, tout ce qui échappe à cette manière de regarder le monde, nous l'appelons féminin. Par conséquent, le féminin est ce qui manque. Le féminin de l'être est devenu une expression qui signifie le fait d'être relié, de se sentir appartenir à quelque chose de plus grand que soi, d'être en relation... en un mot, être. Le féminin évoque tout ce qui transcende les mots, les cartes, les analyses. Et pourtant, fondamentalement, je ne sais pas vraiment si cela a un lien avec la féminité ou non.

Prendre conscience, regarder, réfléchir, méditer sur la féminité ou la masculinité de l'être, cela nous permet-il d'apprendre quelque chose de fondamental sur nous-mêmes, ou bien cela reste-t-il encore une vue de l'esprit, une illusion du mental ?

Je crois que cela peut nous aider. Mais nous devons sans cesse nous souvenir des limites des mots et de la pensée. Il est vrai que sans mots nous ne pouvons pas dire de quoi nous sommes conscients. Cela reste nébuleux. Dès que nous devenons conscients de quelque chose, nous ressentons le besoin de le « nommer ». Mais, la plupart du temps, nous tombons dans le piège de « croire en nos mots ». Aussi est-il pratiquement impossible de parler de la féminité de l'être sans honorer implicitement la masculinité de l'être et vice versa. Ils se mettent à exister simultanément.

J'ai observé que le mot « consécration » a une résonance et une importance particulière dans votre travail. Aussi, quelle serait selon vous l'ultime consécration de la conjugaison de ces deux aspects indissociables de l'être ?

Quand le mâle et la femelle s'unissent, quand l'ovule et le sperme se rencontrent, il y a conception. Quelque chose naît. Quand le masculin et le féminin œuvrent ensemble en parfaite harmonie, quelque chose naît également. Si ce qui naît est, par exemple, un mouvement dans une danse, un poème ou une perception de l'univers, l'instant de cette naissance est mystérieux. Quand Einstein a perçu que la voie lactée était en expansion et qu'il s'est mis à écrire ses équations de la relativité, il n'en croyait pas ses yeux. Alors, il se mit à modifier ses équations. Plus tard, lorsqu'il fut démontré que l'univers était en expansion, il a avoué que le fait d'avoir modifié ses premières équations était la plus grande « gaffe » de sa carrière scientifique. Pourquoi ? Parce que le masculin et le féminin s'étaient rencontrés dans une vision, dans une conception. Il y eut une naissance. Mais lorsqu'il en vint à élever le nourrisson, il n'a plus cru à la vision. Plus tard, des psychologues et des scientifiques lui ont demandé : « Comment avez-vous eu vos intuitions ? » Il répondit que ce n'était ni mental ni intellectuel. Selon son expression : c'était « musculaire ». Tout son corps avait compris. À ce niveau, il ne s'agit plus de masculin ou de féminin en termes habituels de genre. On ne pouvait plus les distinguer l'un de l'autre. Quelque chose était né qui n'était plus de l'ordre de la conception mais de celui de la consécration.

Nous ne savons pas encore en quoi les naissances pourraient être différentes s'il y avait une véritable harmonie entre ces deux forces que nous appelons « masculin » et « féminin ». Cependant, il peut y avoir des naissances issues de la prépondérance d'un aspect sur l'autre. Ceci peut servir de métaphore pour la période que nous traversons actuellement. Peut-être y a-t-il trop d'emphase, aujourd'hui, sur ce que nous appelons le masculin. C'est ce qui nous amène à converser sur la féminité de l'être.

Vous rencontrez un grand nombre d'hommes et de femmes, dans différents pays du monde. Quels conditionnements spécifiques avez-vous observés ?

Si je demandais à la plupart de mes contemporains où leur foi est le plus mise à l'épreuve, où la vie les défie le plus, je pense que la majorité répondrait : « Dans la relation. » En ce qui me concerne, le domaine où se manifeste le plus d'humilité est celui de la relation vivante.

Une chose que les femmes disent constamment à propos des hommes, c'est que ceux-ci les transforment en objets et, qui plus est, en des objets romantiques. Des objets visuels, physiques, gratifiants, plaisants ou déplaisants, etc. C'est pourquoi les féministes condamnent toujours les hommes pour leur obsession à voir la femme en tant qu'objet. Des femmes viennent me dire : « Il ne voit pas mon âme, il ne voit pas vraiment ce qui m'intéresse, ce qui est important pour moi », ou : « Il est trop préoccupé par le monde en tant qu'objet. »

De leur côté, les hommes me disent la même chose : les femmes en font tout autant des objets. Alors que les hommes objectivent la femme extérieure, les femmes objectivent l'homme intérieur. Les hommes ont le sentiment d'être perçus par les femmes comme des objets psychologiques et émotionnels : « Jamais à la hauteur, jamais assez sensibles ou assez forts. » Dès lors, les hommes déplorent que leur sens psychologique profond du monde ne soit pas véritablement compris par les femmes.

D'autre part, si vous regardez autour de vous, la femme se voit partout sur les panneaux d'affichage et les couvertures de revues. C'est toujours la même femme : quand je regardais les couvertures de magazines à vingt ans et quand je les regarde aujourd'hui, alors que j'en ai cinquante, c'est toujours la même femme que je vois. La seule chose qui a changé, c'est qu'à l'heure actuelle elle est un peu plus jeune. Et, si je regarde la manière dont les hommes sont représentés dans les médias, c'est toujours le même spectre étroit et réduit d'un contexte psychologique stéréotypé : des hommes violents, des hommes faibles, des hommes en colère ou cruels. Là aussi, c'est le même homme, le même héros. Aussi bien à l'intérieur qu'à l'extérieur de nous, nous sommes confrontés à une vision très étroite de nous-mêmes.

Si les hommes éprouvaient le même degré de violence que celui que les femmes expriment en mots, ils deviendraient de véritables assassins. Les hommes expriment leur violence physiquement, les femmes l'expriment verbalement. Quand un homme apprend à exprimer sa violence verbalement, cela peut modifier toute la structure relationelle avec une femme. Mais la plupart des hommes ne prennent pas le risque de le faire. Par contre, ils apprennent à se retenir.

Si je me base sur ma propre vie et sur une observation profonde des êtres, je dirais qu'il y a un *a priori* qui prétend que l'homme est moins sensible que la femme. Mais je ne crois pas que cela soit vrai. Je pense que c'est l'inverse, que les hommes ont autant de sensibilité que les femmes, mais qu'ils sont beaucoup plus lents lorsqu'il s'agit de mettre en mots ce qu'ils ressentent. Submergé par leur complexité, l'homme se noie volontiers dans les sentiments – sa seule alternative étant de les refouler en leur opposant son intellect.

S'il est indéniable que les femmes sont plus douées que les hommes pour la verbalisation des sentiments, cela n'est pas toujours la garantie d'une réelle sensibilité.

Ces attitudes respectives de l'homme et de la femme sont, selon moi, l'expression de profonds conditionnements, et je pense qu'une autre éducation pourrait transformer cette répartition sclérosante des rôles.

Que proposez-vous dans votre travail pour changer ces schémas ?

Au regard de la conscience, il y a très peu de différences entre l'homme et la femme. Du point de vue de la méditation profonde, de l'auto-observation et des schémas de l'inconscient, l'homme et la femme ont des capacités similaires. C'est pourquoi, dans mon travail, je ne me focalise pas sur des questions de féminin et de masculin. Dans ma vie, dans mon couple, et dans la communication avec ceux avec qui je travaille et interagis, il est important, bien sûr, d'avoir une base de savoir-faire, de repères de communication.

D'abord, il s'agit d'apprendre à s'écouter mutuellement. Cela demande de l'entraînement, et surtout de la foi. La foi dans une compréhension mutuelle – créer un contexte où l'écoute est authentique. Et pour cela, la relation engagée est une opportunité extraordinaire. Ce type de relation peut devenir un miroir de tout ce que nous sommes. Un miroir qui nous renvoie toutes les manières par lesquelles nous fermons notre cœur, nous nous protégeons et refusons d'entrer en relation avec nous-mêmes et avec les autres. Je ne crois pas qu'il y ait une façon rationnelle d'aborder ce problème, une façon de dire aux hommes : « Faites ceci », et aux femmes : « Faites cela. » Nous avons tous besoin d'apprendre et, en réalité, nous apprenons constamment.

Nous vivons une période difficile, puisque les rôles habituellement attribués aux genres – masculin/féminin – ne nous servent plus à grand chose, comme ils ont pu le faire dans le passé. Nous ne savons plus qui nous sommes les uns les autres. Il s'agit désormais, pour les hommes et les femmes, ensemble, de réinventer le masculin et le féminin. Notre époque est à la fois une merveilleuse opportunité d'ouverture spirituelle et, en même temps, une douloureuse traversée, car de nombreux domaines de l'existence sont touchés par la souffrance.

Puisqu'il s'agit de réinventer quelque chose, pourquoi continuer à utiliser ces concepts et les entretenir ? Ne faut-il pas passer complètement à autre chose ?

Oui, mais passer à quoi ? Dès que je change la profondeur de ma conscience, l'univers du masculin et l'univers du féminin n'ont pas seulement une différence d'apparence, je réalise qu'ils sont différents dans leur essence. Il s'agit avant tout d'approfondir notre conscience et, alors, un autre niveau du mystère nous sera révélé. Ce qu'il faut savoir, c'est que beaucoup de mots sont viciés par leur signification ancienne. Le mot « Dieu », par exemple, est un mot extrêmement problématique et sujet à réaction, parce qu'il a été utilisé sous une forme trop dogmatique ou à travers une éducation religieuse très conventionnelle. Dieu est devenu une force de répression plutôt qu'une source de renouveau. Lorsque j'utilise le mot Dieu dans mes séminaires, je constate que certaines personnes réagissent en se contractant et en se protégeant. Néanmoins, je persiste à l'employer, en ne perdant pas de vue que derrière lui sommeille quelque chose d'inconnaissable, d'impensable, de l'ordre du mystère. Quelque chose d'antérieur à toute forme, d'antérieur à tout concept.

Aussi pouvons-nous continuer à utiliser des mots comme « féminin » et « masculin, si nous en reconnaissons leur limite », leur charge de préjugés et essayons, ensuite, d'aller plus en profondeur.

J'aimerais aborder des questions plus personnelles. En tant qu'homme, comment êtes-vous entré en relation avec « la féminité de votre être » ? Avez-vous ressenti le besoin de vous démarquer, à une époque de votre vie, d'une certaine norme culturelle ou d'une éducation qui aurait eu tendance à favoriser davantage les valeurs masculines (avec tout ce que cela comporte de culturellement péjoratif) au détriment des valeurs féminines ?

Plus nous descendons dans les profondeurs de l'être, plus l'intelligence de la vie exige une intégration de tous les aspects de nous-mêmes. Walt Whitman a dit : « Toute exagération aura une revanche. » Si un homme soi-disant très déséquilibré, déconnecté de son côté féminin, entreprend une voie spirituelle, il sera automatiquement amené à développer la partie la plus faible de lui-même. C'est tout simplement ce qui m'est arrivé. C'est le cas pour l'homme comme pour la femme. L'énergie qui se réveille alors en nous est archétypale et universelle. Elle ne peut croître tant que tous les aspects de notre être ne se sont pas mis à vivre de concert. Si vous me demandez comment cela s'est produit dans ma vie, je dirais que c'est par la grâce, la souffrance, l'amour des êtres, la lutte pour la santé lorsque j'étais enfant. Presque tout, en fait. Mais la douleur, surtout la douleur.

Quelles ont été vos relations aux femmes ? Comment votre être a-t-il évolué dans ce domaine après votre expérience d'éveil ?

Je refusais de reconnaître consciemment le pouvoir que la femme exerçait sur mon psychisme. Je pensais que l'éveil m'amènerait peut-être à transcender toutes ces questions, les conflits avec les femmes. Mais s'il s'agit de vivre profondément la vérité, j'étais inévitablement obligé de me confronter à ma peur. Et il y avait énormément de peurs autour de ma relation aux femmes. Il fallait donc mettre un terme à cela, que j'y regarde de plus près, que je vive mes peurs : peur de l'abandon, peur de faire porter aux femmes une partie de ma nature émotionnelle, peur de rencontrer la rage d'une femme. Je ne pense pas qu'un homme puisse s'appeler un homme, qu'il soit éveillé ou non, tant qu'il ne s'est pas trouvé en présence de la rage d'une femme, en restant présent, sans détour. La plupart du temps, les hommes font semblant d'être puissants, mais ils sont terrifiés par la rage d'une femme.

J'ai entendu certains instructeurs spirituels dire que leur épouse était leur gourou. J'aimerais savoir si vous vivez une expérience analogue ?

Oui. La vie est mon gourou. Mais dans cette vie, il n'y a personne qui soit plus proche de moi que mon épouse. Personne qui ne fasse émerger autant d'aspects de moi-même dans le jeu de la vie que ma femme. Nous avons appris tellement ensemble...

Pour en parler, je devrais utiliser le langage de la poésie plutôt que celui des concepts intellectuels. Quand Arielle et moi sommes en harmonie profonde, l'intimité avec elle et l'intimité avec Dieu sont une seule et même chose. Et quand nous ne le sommes pas, je ne connais rien qui révèle autant le sentiment de déséquilibre. Il y a une grâce qui circule entre nos rapprochements et nos éloignements, c'est comme une respiration. Et je ne suis pas capable de m'agripper très longtemps à l'un ou à l'autre.

Notre relation nous donne un niveau tellement profond d'abandon et d'obéissance à la vie que nous pouvons vivre en enfer et nous retrouver de temps à autre au ciel. Être au ciel, c'est bien plus qu'être amoureux. Mais la plupart du temps, nous sommes au purgatoire, n'alimentant plus l'énergie qui nous entraîne en enfer, mais ne buvant pas non plus à la source qui peut nous ouvrir au ciel. Il nous faut patienter et croire, être honnêtes avec nous-mêmes et le plus souvent sans rien savoir.

le féminin de l'être dans les rêves

HÉLÈNE RENARD

Les rêves expriment les polarités énergétiques masculine et féminine différemment selon que le rêveur est un homme ou une femme et, surtout, selon qu'il entretient avec son féminin une relation d'harmonie ou de conflit.

Des rêves sur ce thème que j'ai pu étudier, il ressort quelques lignes directrices qu'on peut ainsi résumer : l'homme a généralement tendance à méconnaître ses dimensions d'intuition, d'imagination, d'émotivité, d'irrationnel, etc. Il les laisse peu s'exprimer. Sa relation avec l'*anima* (pour reprendre la terminologie jungienne) est souvent étouffée. Apparaissent alors dans ses rêves une femme inconnue, inaccessible, ou en guenilles, mendiante, ou encore agressive.

Dès que la relation à son « féminin » s'améliore – par suite, notamment, de la prise de conscience du message de ses rêves –, il voit en rêve venir à lui une femme idéalisée (déesse, Vierge, Mère, artiste célèbre, etc.).

La femme, elle, étouffe quelquefois son *anima* mais, dans la majorité des cas, elle a plutôt tendance à la surdévelopper. Elle accorde une exclusive confiance à son intuition au détriment du raisonnement, se laisse aisément déborder par le flot émotionnel, elle n'utilise guère l'objectivité... Ses rêves lui font prendre conscience de sa polarité masculine, lui enseignent de composer avec elle. L'*animus* prend les traits d'un homme inconnu ou, lorsqu'il est vraiment négatif, apparaît comme bandit, cambrioleur, brigand, mari indifférent, homme de couleur, etc. Mais ses rêves lui montrent également – et avec insistance – sa relation au féminin.

Voici quelques exemples exprimant le féminin chez des rêveuses, choisis parmi les témoignages que j'ai reçus.

Des polarités méconnues

« Je vois deux personnes dans une chambre avoir des relations sexuelles. Peu à peu, je m'aperçois que je suis l'une d'elle. En m'observant, je remarque que je suis un homme avec un corps de femme et que l'autre personne est une femme inconnue. »

La plupart des rêves d'union amoureuse, de mariage, et même certains rêves érotiques, traduisent cette aspiration de réconciliation entre nos deux polarités énergétiques.

Un féminin négatif

« Je pénètre dans un bureau où se trouvent des hommes tous semblables, gilet et costume rayé, figés. Dans un miroir, je me regarde : mes cheveux sont noirs, mes yeux noirs (alors que, dans la réalité, ils sont châtains et mes yeux gris clair). Les yeux sont terribles, méchants, le regard me vrille. Je baisse la tête pour leur échapper. Quand je me regarde à nouveau, tout a disparu, mon vrai visage, pâle, flou, m'est renvoyé. »

On comprend ici que le masculin n'est pas « alimenté », ne joue aucun rôle dans la vie de cette femme. L'image dans le miroir en indique la raison : le féminin est négatif en elle (l'image fait penser à Kâli). Le rêve l'invite à découvrir une dimension inconnue d'elle-même.

Un féminin dévorant

« Dans ma cuisine, je vide des déchets à la poubelle. Au milieu grouillent des mantes religieuses. Une très grosse me fait peur, je la frappe avec ma chaussure ; les autres, je les écrase à coups de pied. »

Chacun sait que la mante religieuse dévore le mâle après l'accouplement. Il s'agit donc ici d'un problème de sexualité (confirmé par les images de la chaussure et du pied) qui conduit à un étouffement du féminin de cette femme. Le côté positif du rêve est souligné par l'image de la cuisine, lieu de transformation, et par les déchets et la poubelle, signes d'un désir de libération.

Un féminin absent

« Je rêve très souvent que je dois me marier. Je ne suis même pas au courant. C'est mon futur mari, dont je ne distingue pas les traits, qui s'occupe de tout. »

Ici, on peut comprendre que l'*animus* est méconnu. Ou bien que cette femme n'est pas branchée (pas « au courant ») sur sa polarité féminine, qu'elle laisse le masculin agir en tout.

Un féminin sauveur

« Je traverse un pont au-dessus de la vallée profonde d'un torrent. Au milieu, violent orage, je prends peur. Soudain, une femme de haute taille vient à ma rencontre. Elle est très belle. Elle me prend par la main, me faisant refaire le chemin inverse. Arrivée à mon point de départ, elle me conseille de ne plus essayer de franchir ce pont sur une planche aussi mince. »

Manifestement, cette rêveuse entretient avec son féminin une relation harmonieuse, signe d'une bonne évolution. Néanmoins, difficultés, obstacles et prudence ne sont pas à exclure.

Le féminin au masculin ?

JEAN BIÈS

De la Mère cosmique au Père originel, quelle galerie de portraits féminins : déesses génératrices ou destructrices, tisseuses de destin et de sagesse, sibylles, muses ou fées, jusqu'à l'humble mortelle, elles ont toutes un don, un privilège exorbitant : celui de porter et donner la vie. Et par là même l'Amour.

Nous vivons la fin d'un cycle, préparer le suivant est encore possible, et cette préparation se fonde sur la redécouverte des enseignemens traditionnels et des pratiques d'intériorité. Comprise dans sa vraie nature, la femme ne saurait être étrangère à cette transformation culturelle et spirituelle. Autant certains aspects de la féminitude sont étudiés, voire ressassés – d'ordre biologique, juridique, social, financier –, autant certains ne sont qu'effleurés ou tus, alors qu'ils sont d'ordre psychologique, symbolique, religieux et métaphysique.

La femme avant la femme

« Au commencement était la femme », proclament toutes les mythologies. Mais avant le commencement ?

Avant le commencement était la Mère cosmique, grosse d'aurores et de galaxies, la nature multiple en fécondes potentialités, l'énergie partout à l'œuvre, ordonnatrice des archétypes et des mondes encore à naître ; la sève bouillonnante aux ramures des univers, la sagesse dansant sa séduction devant le Créateur encore assoupi dans son indétermination. Viendrait ensuite la souveraine république des matriarches, les tisseuses de destins, les dames des profondeurs, les filles de la nuit flaireuses d'outre-tombe, les femmes-serpents, les femmes-matrices, les « primordiales », les « génératrices », les « maîtresses des sphères », celles « des ténèbres », et les dévoreuses de leurs fils-amants[1].

Mais ces encombrantes personnes étaient incalculablement loin de l'homme. Le *Purusha* lui-même, l'homme cosmique, découvrant sa solitude, « prit peur », dit la *Brihadary Naka-upanishad*, et se divisa en deux pour étreindre une épouse qui fût à sa portée...

C'est que les privilèges de la femme sont exorbitants. Elle est à l'origine de la vie, de la mort et de la pensée. La femme donne en effet la vie ; mais par là

1. P. Solié, *La Femme essentielle*, éd. Seghers. Y. Montty, *La Déesse des origines*, éd. Les Deux Océans.

même, la mort, puisque tout être vivant, soumis à l'entropie, est condamné à disparaître. Reproduisant les deux sexes, et pas seulement le sien, elle est à l'origine de deux catégories conceptuelles : l'identique et le différent ; par suite, à l'origine de la pensée même.

La vocation de la femme est d'être

Pourquoi les choses du cœur vont-elles si mal aujourd'hui ? Parce que ni l'homme ni la femme n'ont vraiment pris conscience de leur nature respective, non plus que de leur complémentarité réciproque.

En simplifiant beaucoup, disons que la vocation de l'homme est surtout d'agir, de se faire reconnaître, admirer d'une société qui le prend par l'orgueil ou la vanité de réussir aux yeux du monde, même s'il en flaire l'illusion ; peut-être, tout simplement, parce que, doutant de lui derrière ses vantardises et sa hâblerie, il a besoin d'être rassuré. Tourné vers l'extérieur, l'extension de soi, tout à la maîtrise du monde, il se plaît aux batailles, aux cliquetis des concurrences. Il se sent chez lui dans l'organisé, l'objectif, le structuré. Il excelle aux rapports de signes, aux systèmes de représentations, soupçonne le non-dit de lui cacher quelque chose, l'accuse même de ruse sans comprendre que le non-dit est peut-être là pour lui dire davantage, ou pour exercer sa perspicacité.

La vocation de la femme est surtout d'être. Elle préfère le concret au théorique, l'intuition au discursif, procède moins par persuasion dialectique que par communion du cœur à cœur. Elle pense d'une façon comme détendue, et sa souplesse intellectuelle, prise parfois pour de l'illogisme, en se communiquant à l'homme le rafraîchit. Elle se porte vers les mouvements naissants ; elle pressent l'émergence de tendances insoupçonnées, en informe l'homme, l'y encourage.

Ce n'est qu'à partir du moment – c'est-à-dire depuis l'origine – où l'avoir, le savoir et le pouvoir l'ont emporté sur l'être que la femme s'est vue reléguée aux rôles seconds. L'homme, à lui seul, assumait les trois éléments de l'infernale triade. Apanage de la femme, l'être était condamné d'avance ; il la condamnait avec lui. Elle fait en sorte, depuis peu, qu'on rende à l'être la place qui lui est due et, par conséquent, la place due à la femme.

C'est sans doute sur ce terrain que son action doit se situer ; et cela, à deux niveaux. D'abord, en proclamant les droits de l'être en tant que tel, c'est-à-dire en demandant que soit reconnu tout ce qui procède de l'affectif, de l'intuitif, du subtil, du religieux et du mystique (dans la meilleure acception de ces termes) ; ensuite, en infusant de l'être dans l'avoir, le savoir et le pouvoir mêmes ; c'est-à-dire en augmentant l'avoir d'une dimension sacrale, en ajoutant au savoir parcellaire et spécialisé les notions d'inter et de transdisciplinarité, en tempérant le pouvoir par le sens de la mesure, le respect de la vie et l'esprit de paix. Au vrai, c'est ce à quoi procède la femme depuis longtemps sans qu'on s'en soit bien avisé : une sainte Thérèse fait de ses casseroles des calices ; une Héloïse rappelle au nominaliste Abélard la priorité de Platon ; une Veturia fléchit la fureur militaire de Coriolan. Mais ce qu'elle ne pouvait faire que ponctuellement, presque à la dérobée, il lui revient certainement aujourd'hui, grâce à l'audience qu'elle a gagnée, de le faire aux quatre orients de la conscience planétaire.

L'Orient cite de ces femmes qui donnent à l'homme de s'accomplir. La Chine mentionne ces nonnes taoïstes transmettant aux hommes dignes de les recevoir les traités alchimiques et les « sceaux nuageux », assurée que, mieux que l'homme, la femme réussit le Grand Œuvre, car, porteuse d'embryon, elle est reliée à l'invisible. L'islam connaît cette Râbi'a al-Adawiyya qui, armée d'une cruche d'eau pour éteindre l'enfer et d'une torche pour incendier le paradis, enseigna aux soufis de Basra de ne pas plus craindre l'un que de désirer l'autre, mais de vouloir la seule jouissance du Seigneur par-delà toute dualité. Et plus d'un parmi nous approcha Ma Ananda Mayî en Inde, qui, née sans karma, prenait sur elle celui d'autrui, qui, sans avoir eu de maître, le voyait en toutes créatures, et qui, n'ayant jamais lu les Écritures, les incarnait au quotidien.

Et l'Occident ? Diotime enseigne à Socrate le chemin de l'unité et, le faisant passer de la beauté des corps à celle des âmes, lui révèle de l'Amour qu'il est « quelque chose d'intermédiaire entre les contraires ». Si l'éros peut être malsain, dégradant, obscène, mâtiné de mort verdâtre, Éros est ce qui s'enrichit des différences et, des opposés, fait des complémentaires. Égérie, la nymphe des forêts, dans l'intimité des nuits et des rendez-vous secrets, dicte à Numa les fêtes, les flamines, les vestales, le constant souci des dieux. Béatrice (« qu'il faut aussi, écrit Dante, nommer "Amour" ») est l'incarnation de cette *intelligenza* déjà chantée par les troubadours et qui apporte la lumière supramentale. Jeanne Guyon apprend à Fénelon la simplicité de l'enfant, l'« état d'oraison » et l'abandon total à Dieu : femme de quiétude inquiétant les clercs, et par eux persécutée, parce que en sachant plus qu'eux dans sa docte ignorance.

La femme est la *shakti* de l'homme, l'amplificatrice de sa créativité ; celle qui lui donne confiance en lui, fait fructifier ses potentialités, le fait accéder à la pleine possession de ses talents. Elle souffle sur ses virtualités comme sur des braises, entrevoit ce que sera entre ses mains cet homme gauche encore, lit son avenir sous l'écorce du présent. Elle l'initie à sa propre musicalité, à sa part orientale, nocturne. S'unit-elle à lui, elle l'unit aussi à lui-même, elle l'unifie. Il est bien vrai, par exemple, qu'à l'inverse des artistes solitaires ou infortunés en amour, ceux portés par une femme ont beaucoup plus et mieux donné. Derrière Diderot, Voltaire, Hugo, Wagner, cherchez Sophie Volland, la marquise du Châtelet, Juliette Drouet, Cosima. Qui ne connaît, au cœur de ce qu'était déjà l'Europe, le rôle d'inspiratrice et de stimulatrice d'une Mme de Staël ? C'est qu'en de pareils cas la femme et l'*anima* à laquelle elle s'adresse coïncident des plus heureusement. La « muse » met l'homme au monde une seconde fois. Encore convient-il que cette harmonie entre la femme et l'homme se double d'une harmonie interne à la femme. L'homme ne s'épanouit à ses côtés que si celle-ci est en concordance avec elle-même.

Le secret de la réussite

La double cause du mal moderne est que la femme a laissé s'hypertrophier en elle l'*animus* au risque de perdre sa féminité, et que l'homme n'a rien fait pour développer en lui l'*anima*, au risque de se convertir en brute ou en fou. Les conditions de vie de l'âge de fer expliquent peut-être qu'on s'en protège de la sorte. Mais la femme ne pourra continuellement s'abstraire de sa vraie nature de femme, ni l'homme se crisper indéfiniment dans l'unilatéralité machiste. L'urgent devoir de l'une est d'accorder en elle sa nature féminine et cet homme intérieur, l'*animus*, comme l'urgent devoir de l'autre est d'accorder en lui sa nature masculine et cette femme intérieure, l'*anima*. Il n'est pas d'autre solution à l'actuelle crise du couple que celle de ce travail sur soi consistant à faire émerger les éléments constitutifs de l'*animus* et de l'*anima*, ou plus exactement, ceux de l'*animus* positif, qui rend la femme rayonnante, enthousiaste, prégnante, et ceux de l'*anima* positive, qui rend l'homme entreprenant, constructif, inspiré – l'un et l'autre, créateur et créatrice.

On ne peut que renvoyer ici aux remarquables travaux de C. G. Jung[1] et de M.-L. von Franz[2]. Ceux-ci ont parfaitement montré que la « réalisation de la totalité psychique » débouche sur la reconstitution de l'androgyne, sur le mariage alchimique du Soleil et de la Lune qu'il faut comprendre non pas entre l'homme et la femme – ce qui ne manque pas de créer une inégalité entre eux –, mais d'abord et essentiellement à l'intérieur même de chacun d'eux ; mariage sacré – *hieros gamos* – garantissant le succès de l'autre mariage. C'est à ce niveau et dans ces conditions que perd sa raison d'être la lutte de pouvoir ou d'influence entre les sexes, lutte qui n'est que l'exaspération d'une société malade et finissante.

Dans une telle perspective, la première tâche qui incombe au futur couple possible est la recherche de ces *metaxu*, selon l'expression de Platon reprise par Simone Weil, de ces « intermédiaires » reliant les deux conjoints, comme ils relient en d'autres domaines la forme et la matière, ou les dieux et les hommes. Ils sont ce que certains scientifiques appellent aujourd'hui le « tiers inclus », cette troisième voie transcendant les polarités duelles, permettant à l'*anima* et à l'*animus* de se découvrir et de s'unir dans la reconnaissance mutuelle de la complémentarité, cet autre nom de l'amour.

---

1. C.G. Jung : voir l'ensemble de son œuvre et, en particulier, *Aïon*, éd. Albin Michel. Voir également *Animus et Anima*, E. Jung et J. Hilman, éd. Seghers.
2. *La Femme dans les contes de fées*, M.-L. von Franz, éd. Albin Michel.

L'équilibre des dualités assagies et réconciliées, jamais absolu, ne devant point l'être – car tout est toujours à parfaire, et l'amour ne se plaît pas dans le symétrique, mais dans le penché – réalise le centre même qui assure durée et solidité. En lui réside le sens. C'est quand ce centre est perdu que le couple perd son sens, que sonne l'heure des déchirures, des divorces, des suicides.

Tandis qu'en apparence l'*animus*, non maîtrisé, affiche ses bulletins de victoire, certains signes se font jour d'un changement indubitable. Parmi ces signes, l'intérêt porté aux rêves, à l'inconscient, à l'irrationnel et, par voie de conséquence, le recul de l'esprit de conquête et de domination ; la défense de la nature et les prises de conscience écologiques ; la reconnaissance des droits du corps ; le retour à l'oralité ; le besoin de créer des lieux de communication, face à la religion du rendement et de l'efficacité ; la découverte des arts orientaux où le vide l'emporte sur le plein, et « l'éloge du simple » face à une organisation toujours plus complexe.

Le couple dont Dieu fait ses délices

Pour l'esprit duel, l'homme et la femme font un couple. Pour l'esprit non-dualiste, l'homme et la femme sont l'amour : une « seule chair » – *bashar-ahad*, dit la Genèse pour désigner à la fois le corps et l'âme.

Avant la Chute, Adam est réceptif à l'irradiation

d'Ève, qui resplendit dans sa beauté divine, cependant qu'Ève est réceptive à l'effusion adamique de la lumière principielle. Leur union est l'interpénétration et la mise en commun de leurs émanations réceptives, elles-mêmes prolongements de la substance éthérée dont est tissé l'Éden. C'est de cette condition paradisiaque que les amants ont la nostalgie, et ils font tout pour la recréer ; c'est elle qui, en partie du moins, réactualise tous ceux qui vivent en complémentarité. De même qu'au paradis, dans le regard qu'échangent les deux premiers époux, c'est Dieu lui-même qui se regarde, de même, sur cette terre de la rupture et du chaos, c'est la rencontre de l'*animus* et de l'*anima* qui fonde et reproduit la véritable union.

Même après la Chute – qui n'est pas l'œuvre de chair mais l'option, prise par le couple initial, du règne des dualités au détriment de l'unité –, Adam et Ève n'en restent pas moins des images de cette unité, fussent-elles lointaines et déformées. Dieu continue de se reconnaître en eux ; et « Il les bénit », même si est perdue la nature déiforme de ce couple auquel il reviendra néanmoins de « soumettre la terre ». Même en mode brisé, les archétypes divins continuent de se refléter en lui et en elle ; l'union physique elle-même ne sera pas écartée de cette bénédiction : les deux continuent de s'y vouloir un.

Mais il est certain que le couple où les conjoints se réalisent au plus près, où Dieu établit sa demeure et dont Il fait ses délices, est celui qui se révèle le plus proche du couple originel, celui où chacun des deux est un être humain à part entière. Il n'y a qu'un demicouple dans l'union d'un homme et d'une femme si ni l'*anima* ni l'*animus* n'y sont directement présents ; mais il y a rencontre totale, accomplissement, plénitude, quand le couple se constitue de deux êtres humains. Qu'est en somme le couple authentique sinon – n'en déplaise aux morales diversement puritaines – un couple à cinq, se constituant en effet d'un homme, d'une *anima*, d'une femme, d'un *animus*, et pour parachever le tout, sous forme d'esprit, de ce Dieu qui veille à l'unité et à l'unicité de cette association, laquelle tient à la fois du paradoxe et du mystère ? C'est assez dire que le vrai couple est tout ensemble physique, psychique et pneumatique, qu'il fait par là même de lui un concentré de la Création, une église miniature, l'icône miraculeuse de l'indéfectible et de l'inespéré.

Le mariage intérieur

ENTRETIEN AVEC MICHEL CAZENAVE

On ne peut séparer en nous le masculin du féminin, de même qu'on ne peut séparer l'intuition de la raison, la création de l'incarnation, l'impossible du possible, le jour de la nuit. Michel Cazenave nous convie ici aux noces essentielles : celles qui se déroulent en nous et ouvrent sur cette énergie fondamentale que certains appellent le divin.

Question : Vous êtes connu par vos écrits sur les symboles et les archétypes inspirés de la pensée de Carl Gustav Jung. Dans ce contexte, pourrait-on dire que le féminin est un archétype ?

Michel Cazenave : Le féminin n'est pas un archétype. Il y a un archétype de la mère, de la fille, du père, etc., mais il n'y a pas d'archétype du féminin. Le féminin comme le masculin sont tout simplement des réalités qui s'imposent. Ce ne sont pas des structures de l'imagination, sauf quand on parle du féminin de l'homme ou du masculin de la femme. Alors, à travers le féminin se manifeste la puissance créatrice et à travers le masculin la puissance créée. Dans ce cas, le masculin et le féminin sont au-delà de la psychologie parce qu'ils la fondent. On touche là à l'essence même des choses.

Qu'est-ce pour vous que « la féminité de l'être » ?

Je pense que la féminité en l'être humain est un reflet de la féminité dans le divin. La psychanalyse de Jung déclare : « C'est le divin qui nous fonde, et non nous qui fondons le divin. » Je ne peux donc pas penser l'un sans l'autre. Je sais bien, évidemment, que le divin et l'homme, ce n'est pas tout à fait la même chose. Le divin est supposé être éternel alors que l'humain meurt. Je suis bien conscient de cela, mais je pense que malgré tout on ne peut pas les séparer – ou plutôt, on doit les penser en même temps comme unis et différenciés.

Pourquoi faites-vous cette relation immédiate entre le divin et le féminin ?

Je pars de mon expérience personnelle. Comme presque tout le monde, j'ai été élevé dans la religion catholique. Et comme presque tout le monde, j'ai connu à l'adolescence des crises de mysticisme. Un peu plus tard, lorsque j'ai essayé de comprendre ce à quoi je croyais, quelle était ma foi la plus profonde, je me suis rendu compte qu'en réalité je n'étais pas du tout chrétien. La divinité du Christ ou l'incarnation de Dieu, c'était quelque chose qui ne passait absolument pas. Ma raison s'est toujours insurgée contre. Mais ce qui m'a posé un très grand problème, c'était que je ne mettais pas une seconde en doute le fait que je croyais en la Vierge Marie.

D'où la question qui s'est tout de suite imposée à moi : qu'est-ce que cela veut dire ? Je ne crois pas dans le Christ, mais je crois dans la Vierge ? Ou bien je suis complètement fou, je suis totalement incohérent, ou il y a là-dessous une raison plus profonde. Et cette raison – je résume d'une manière vertigineuse ! –, c'était que si le divin est réellement lui-même, on ne peut absolument rien en dire, il est antécédent à toute division en sexe, en genre ou en quoi que ce soit. S'il est vraiment transcendant, on n'a aucun accès à lui. Il faut bien qu'il y ait alors un espace de médiation. Quel est cet espace de médiation ? C'est pour moi, et par essence, un espace féminin. C'est-à-dire un espace d'épiphanie du divin (je fais bien attention à ne pas dire Dieu), sous l'apparence d'une figure féminine, maternelle. Lorsque j'ai admis cette « idée », j'ai commencé aussi à comprendre pourquoi je pouvais croire ainsi à Marie. Et ce sentiment est si fort, j'ai une telle certitude intérieure envers cette forme féminine de la divinité que je n'entre pas encore aujourd'hui dans une église sans faire brûler un cierge à la Vierge. Ce sont des rites auquel je tiens énormément, tout en sachant parfaitement que ce sont mes rites personnels.

Partant de ce lien entre le plan psychologique et existentiel du féminin et le plan divin, comment avez-vous pris conscience progressivement de ces aspects en vous ? Pouvons-nous parler actuellement d'émergence du féminin ?

Parler d'émergence signifierait qu'il y a quelque chose qui se crée et qui n'existait pas auparavant. Or je pense profondément que le féminin est une structure constitutive de l'homme. Et quand, ici, je parle de l'homme, je ne veux pas dire l'humanité en général, je veux bien dire l'homme selon le sexe. Nous n'en sommes pas toujours conscients, mais il est là de toute façon. Le tout est de savoir si on saura le reconnaître et, plus tard, l'assumer. Pour répondre à votre question, je vais revenir à mon adolescence, quand j'ai commencé à me poser cette question : pourquoi est-ce que je crois à la Vierge ? Qu'est-ce que cela veut dire ? Qu'y a-t-il en moi qui fait que je crois spontanément dans la puissance féminine alors que le Dieu masculin me demeure étranger ? Au fond, pourquoi ai-je envie de croire dans une Mère divine ? D'où aussi la question qui s'en est immédiatement suivie : quel est le rapport entre ma propre mère et cette figure de la Mère divine ? Ma première expérience, et ma première grande souffrance, a été dès lors de me confronter à l'image de ma mère. J'ai dû répondre à la question que je me suis naturellement posée dans le cadre de la théorie freudienne qui était alors la seule que je connaissais : cette Mère divine, n'est-elle pas simplement une sorte de sublimation de ma propre mère ? Et le simple déni de ce qu'on appelle la Loi du père ? C'est alors que, par confrontation, par méditation et par analyse mélangées, j'ai peu à peu découvert qu'il y avait de fait en moi deux réalités distinctes que j'avais toujours vécues jusque-là dans l'inconscience, et que j'avais donc toujours ressenties comme une seule réalité indifférenciée : l'image de la Mère divine, de la Grande Mère si vous voulez, et puis la réalité de cette mère de chair et de sang qui m'avait donné naissance. Autrement dit, je ne « fabriquais » pas la « déesse » à partir de ma mère, c'était ma mère que je travestissais par la puissance de mon imagination – au sens d'une imagination créatrice de ses propres symboles.

D'une façon vécue, dans la réalité quotidienne, dans ma réalité psychique, c'est à travers des épreuves difficiles, à travers des processus de révolte suivis d'accès dépressifs, que je suis en fin de compte arrivé à séparer ces deux domaines, ces deux plans de réalité – et, accessoirement, que j'ai abandonné le freudisme pour la lecture attentive, et bientôt passionnée, de Jung. D'autant plus que cette reconnaissance et cette reconduction de la Mère divine dans le plan archétypal, dans le plan d'une expérience de type religieux, m'ont permis, enfin, de vraiment m'entendre avec ma mère de sang. C'est-à-dire que je ne l'investissais plus du pouvoir du sacré qui était celui de la Mère, mais que je commençais à la découvrir dans sa réalité terrestre – comme une femme « comme les autres » qui faisait comme elle pouvait pour être la meilleure possible avec moi, avec toutes ses qualités et ses défauts, dans l'humanité qui était la sienne, et dans tout l'amour qu'elle tentait de me transmettre. Cette mise à sa place, si l'on peut dire, de la Mère divine, s'est faite toutefois, je vous l'ai dit, dans un long processus de dépression où j'ai dû découvrir que le principe numineux féminin avait deux faces, l'une de vie, l'autre de mort, et que l'on n'atteignait à la vie que par la traversée de la mort – fût-ce une mort symbolique. En fait, je n'ai même pas eu le choix. C'était « quelque chose qui m'arrivait ». Il y avait là une logique qui me dépassait, un processus dans lequel j'étais entraîné sans qu'on me demande mon avis, et il a donc fallu que je passe à travers ça, à travers cette expérience de la dépression, de la mort qui travaillait en moi, cette expérience de décomposition, de démembrement de l'âme avant qu'elle ne puisse se réunir. C'est en même temps que j'ai compris que mon père dans la vie avait porté la Loi pour moi, qu'il m'avait structuré, que ma mère y avait aussi tenu sa place – autrement dit, que j'avais bien été pris comme tout le monde dans cette triangulation œdipienne, mais qu'au-delà de cette vérité primairement existentielle de Freud, il y avait autre chose qui relevait d'un domaine différent de la réalité psychique, d'un domaine objectif qui échappait à mon histoire et à mon développement familial.

Quelles ont été ensuite les conséquences de cet éveil ?

Il y a eu d'abord la prise de conscience de mon propre féminin. Quelque chose en moi répondait sur le mode de la complémentarité : moi, l'homme, j'aime ma femme. Pas ma femme au sens du mari qui aime sa femme, mais au sens de celui qui reconnaît sa femme intérieure. Évidemment, cette reconnaissance a complètement changé ma relation aux femmes et au féminin en général. Une conversion complète a eu lieu : je passais d'une attitude antérieure de don Juan à une position où je trouvais l'esprit de Tristan cher à Iseut... Vous voyez le chemin que cela représentait !

En fait, Tristan avait toujours existé chez moi, mais je ne voulais pas l'écouter. Inconsciemment, tout homme sent bien que le féminin dans son essence est quelque chose d'extraordinairement puissant, qu'il y a là une brûlure, et que si on veut s'y frotter, il faut prendre des risques. Alors on évite d'en faire l'expérience et on va de femme en femme... C'est beaucoup plus sûr et sécurisant pour un homme ! En plus, ça lui fait croire qu'il existe réellement, sans avoir à se poser de question.

Comment avez-vous rencontré le visage de Tristan en vous-même et comment s'est-il exprimé dans votre vie ?

La vérité, c'est que j'ai lu la première fois l'histoire de Tristan et Iseut à sept ou huit ans. C'est mon père qui me l'avait mis entre les mains et c'est un livre que j'ai dû lire plus de quarante fois depuis. Qu'est-ce qui me « prenait » ainsi malgré moi dans ce mythe de Tristan et Iseut ? Qu'est-ce qui correspondait à ma nature profonde ?

Si on regarde bien le mythe, Tristan est le meilleur des chevaliers, le plus grand des héros. Mais du jour où il rencontre Iseut, du jour surtout où il cède à la passion et fait l'amour avec elle, il renonce à tout exploit héroïque, il ne vit plus que dans la douleur, à la limite de la folie. Socialement, il est devenu l'anti-héros. Il est régulièrement mis au ban de la société, et il passe sans arrêt de l'exaltation du soleil féminin à une position dépressive, quasi mélancolique.

Or qu'est-ce qui se joue là-dedans ? Qu'est-ce qui se joue pour tout homme qui en renouvelle l'expérience ? Sinon que, d'une part, au lieu de la fuir ou de la renier, il admet de la sexualité de la femme ce qu'elle a d'éruptif, de libre et d'anarchique, ce qu'elle a de profondément a-social, toute branchée qu'elle est par nature sur la manifestation du sacré ; il admet du même coup de se trouver « hors la loi » ou, pour le dire en terme d'analyse, au-delà de la Loi, hors du royaume du Père. Et sinon que, d'autre part, il admet le féminin – le féminin en lui et, conséquemment, la femme vivante devant lui – comme la médiation obligée à un espace sacré.

Or c'est précisément ce que la plupart des traditions culturelles et religieuses ont si énergiquement repoussé, ce qu'elles ont tenté de mettre sous l'éteignoir.

Autrement dit, c'est la découverte que ce qui est, d'une façon immémoriale, ressenti comme le plus grand danger pour l'homme, c'est au contraire sa condition de salut à partir du moment où il accepte de le regarder en face, de l'assumer en conscience – à partir du moment où il a aussi compris que « cet abîme de la femme », il le porte de toute façon au centre de lui-même. En bref, au lieu de s'enfuir et de collectionner des femmes réelles pour n'être touché par aucune, il veut s'avancer dans le territoire où on n'accepte qu'une femme, dans toute sa profondeur, vous oriente au sens le plus fort de ce mot.

L'intégration de votre féminin, telle que vous la décrivez, a-t-elle donné un élan particulier à votre créativité, et lequel ?

Bien sûr, mais dans un sens tout à fait spécial. Dans la mesure où je dirais que c'est mon masculin qui s'exprime spontanément dans mon mouvement poétique. La volonté de conscience, la volonté de lumière, la lumière elle-même, en fin de compte, c'est ma part féminine. Pour ne parler que par images, ma partie masculine, c'est ma partie lunaire ; ma partie féminine, c'est ma partie solaire. Quant à savoir pourquoi j'appartiens à ce type, demandez-le au destin qui m'a ainsi façonné ! Oui, c'est le féminin en moi qui m'a forcé à prendre conscience – j'allais dire confiance. Mais la conscience et la confiance sont allées pour moi de pair.

Comment expliquez-vous cela ?

Je crois qu'au stade le plus profond, au stade le plus haut en même temps, la forme du féminin est une figure d'essence lumineuse. Je sais bien que l'histoire récente des religions est là pour nous dire le contraire. Mais, au plan le plus fondamental, ne faut-il pas retrouver cette idée des anciens Celtes où la chambre des femmes était la chambre du soleil ? Ne faut-il pas retrouver la grande figure de la Sophia, de la médiation du divin qui s'est ensuite abîmée dans la nuit existentielle ?

Vous parliez tout à l'heure de la difficulté pour un homme d'incarner l'antihéros et donc d'exprimer son féminin dans notre civilisation actuelle, qui ne porte pas à ce genre d'expérience. Aussi, selon vous, quelles sont les voies que nous devrions emprunter sur le plan collectif pour faire ressurgir ces valeurs féminines ?

Lorsqu'on est à ce niveau de la culture la plus profonde, ce ne sont pas des choses que l'on peut vouloir, ce sont des choses qui doivent se produire par elles-mêmes. Quand on regarde l'histoire, on constate que lorsqu'on veut, d'une manière volontaire et consciente, instaurer quelque chose qui est de l'ordre de la religion ou de son dérivé, l'idéologie, cela se transforme souvent en son contraire : nous nous retrouvons face à des phénomènes totalitaires. Je suis donc très réticent sur le fait de vouloir faire emprunter sur le plan collectif des voies ou des chemins quels qu'ils soient.

Pourtant, je suis aussi le premier à penser qu'il faudra bien que notre culture évolue, que nous ne pouvons pas en rester là. D'autant plus que je peux même admettre qu'il fallait passer par la phase de civilisation patriarcale qui a été la nôtre dans un stade de différenciation nécessaire. Il n'empêche que si, aujourd'hui, cette civilisation arrive en bout de course, c'est pour passer à autre chose. Pourtant, pour y passer authentiquement, il faut que se manisfeste un mouvement objectif, une évolution des consciences qui a sa propre logique. Personne ne peut – ni ne doit – essayer de le programmer ou de le déclencher volontairement, à moins des pires dérives. Alors, individuellement, la seule chose qui nous reste, c'est de mener notre conversion intérieure dans ce que j'appellerais une rectitude à nous-mêmes.

Seriez-vous fataliste ?

Effectivement, cela peut paraître très fataliste, mais je suis persuadé que lorsque les choses doivent se faire, elles se font en effet. Si je réfléchis par exemple aux transformations actuelles dans la mentalité collective, je ne peux m'empêcher de les comparer avec ce qui s'est passé au début de notre ère, avec la prédication du Christ. Dans l'immense Empire romain, ce n'était rien, à l'époque, qu'une espèce de fou ambulant, plus ou moins hérétique, plus ou moins schismatique, qui se promenait en Palestine. Personne n'aurait jugé que cela pouvait être sérieux, que son discours allait changer la nature même de Rome ; car il faut se dire que les États-Unis d'aujourd'hui, à côté de la Rome impériale, ne sont pas franchement très puissants ! Donc, en quatre siècles, la vie et l'exemple du Christ ont bouleversé la face du monde. N'importe quel Romain à qui on l'aurait prédit sous le règne d'Auguste ou de Tibère aurait proprement éclaté de rire ! Oui, je crois vraiment que les choses arrivent parce qu'il faut qu'elles arrivent.

Au fond, nous avons pénétré dans une époque de transition, dans une période alchimique : d'un côté, c'est l'agonie de l'ancien, c'est une immense dépression collective et, de l'autre côté, c'est un bouillonnement encore indifférencié où l'on peut trouver de tout, c'est le bouillonnement de la *materia prima* avant que le temps et l'histoire n'aient pu la purifier.

Se poser la question : « Que peut-on faire pour faire évoluer les valeurs féminines ? » n'a pas lieu d'être d'après ce que vous venez de dire...

D'abord, il ne s'agit pas à mes yeux de les faire évoluer, mais de les faire reconnaître, accepter, assumer.

Ensuite, ce qu'on peut faire, en effet, c'est de les assumer en soi-même et d'apporter sa pierre au processus en cours. De toute façon, vous savez, et précisément pour les valeurs féminines, il reste un tel travail à faire pour les restituer dans leur intégrité, en dehors des illusions et des projections abusives !

Je vais me servir ici du langage psychologique : mais comment faire pour que leur retour soit de l'ordre du spirituel, non pas un simple « retour du refoulé » ? Implicite à cette question, on découvre alors, il me semble, un autre très grand problème : celui de l'impatience... Une impatience très humaine, c'est vrai, mais une impatience, aussi, qui nous vient de notre culture traditionnelle et de son messianisme affirmé. En un mot, on veut que le changement soit pour demain. Vous savez, les lendemains qui chantent, ou Jésus qui va revenir. Or le changement n'est jamais pour demain. Il suffit d'interroger l'histoire pour constater que les changements de civilisation prennent toujours deux, trois, quatre siècles. Ou alors, on agit comme les anciens révolutionnaires, on veut forcer le cours des choses avec les conséquences que l'on connaît – à savoir que pour forcer la nature, c'est la dictature, c'est la terreur qu'on finit par instaurer. Oui, effectivement, il faut de la patience. Oui, justement, soyons donc un peu féminins ! La patience, en fin de compte, c'est une attitude spirituelle.

Par le biais des mythes, vous avez choisi de transmettre des idées, une sensibilité, une vision et une expression profonde de vous-même... Pourquoi avez-vous choisi le mythe ?

Parce que le mythe me parle. Je voudrais faire une remarque tout à fait nécessaire sur un point qui, personnellement, me frappe de plus en plus. En effet, par la culture qui est la nôtre, sous le poids des religions révélées telles qu'elles se sont généralement développées, nous avons intériorisé l'idée d'une vérité massive, une et indivisible. En clair, il y a dans nos religions quelque chose qui s'appelle la dogmatique. Si on ne s'y accorde pas, on est un hérétique. Dans un esprit mythologique, au contraire, quelqu'un qui négocie la vérité d'une manière différente ajoute une variante au mythe et il ne viendrait à personne l'idée de l'excommunier : c'est son chemin singulier pour vivre cette vérité. Non, il n'y a pas de dogme mythologique. Il y a des histoires de dieux et de déesses, qui sont la manière dont le divin se donne à épeler – et le divin se manifeste d'une manière particulière à chacun. Il ne peut être, spirituellement, que source de singularité – et c'est aussi quelque chose à penser que de comprendre que l'Un se donne à travers mille épiphanies différentes, et suscite mille singularités qui sont toutes le miroir de cet Un.

Vous disiez avant de commencer l'interview : « Plus on avance, moins on sait... »

Oui, plus on parcourt le chemin, plus on se dit que l'essentiel est toujours devant soi. Et je dirais que plus je cerne le féminin spirituel, plus je l'intègre dans ma conception du monde, plus j'en fais mon pivot et mon orient, plus il m'échappe de toutes parts, plus je m'aperçois qu'il est immense et s'origine à ce vide d'où se forment toutes choses. Il m'échappe d'autant plus que j'en prends plus conscience.

Cette quête que vous décrivez, est-elle de l'ordre du dépouillement ?

Du dépouillement, je ne sais pas. Disons plutôt : d'une nudité surabondante. Vous savez, c'est quelque chose de vraiment très curieux : on y est de plus en plus pénétré d'un sentiment de néant (d'un néant qui existe et donc certainement pas dans le sens nihiliste du terme, mais dans celui de quelque chose dont on ne peut rien dire : on l'appelle « néant » car c'est le seul mot qui reste pour pouvoir le nommer), et on découvre en même temps que ce néant est un principe générateur, un principe de fécondité. Cela relève à la fois – et je ne peux qu'user ici d'un langage contradictoire – du vide le plus complet et d'une profusion de la forme. Parce que c'est le vide qui engendre la forme et lui donne son sens. C'est dans la médiation de ce vide que prend naissance l'écriture. Cela donne le féminin, et le féminin donne toute chose. Cela m'introduit à un spirituel qui est au-delà même du spirituel, et en même temps dans le même mouvement, dans la même logique – je n'ai jamais autant aimé les fleurs que maintenant. Mais tout le monde sait qu'une fleur, c'est aussi une poussière d'étoile !

Mille et une fois toi et moi

ENTRETIEN AVEC BERNARD LEBLANC-HALMOS

L'un des meilleurs experts en stages d'entreprise nous fait partager son expérience de tous ces cadres, hommes et femmes, qu'il côtoie et auxquels il apprend à devenir plus performants tout en devenant plus humains, plus proches d'eux-mêmes et des autres.

Bernard Leblanc-Halmos : Le mot « féminité » ? C'est du même tonneau que des mots comme liberté, égalité, fraternité qui font joli sur des frontons, mais qui sont difficiles à pénétrer. C'est comme les mots en « isme » ou en « ion »... Des abstractions !

Question : Quelle résonance avec les mots « féminin », « masculin » ?

Quand vous me parlez du féminin me viennent toujours à l'esprit les mots « intime », « intimité » ; l'intimité de l'être ! *Intimus !* L'intérieur de l'intérieur. Le dialogue le plus intime de l'être, avec en plus une très grande estime pour l'extérieur.

Parlons de cette « intimité de l'être »...

L'intimité, c'est la capacité d'entrer en relation, en connivence. Voilà la grande porte d'entrée. Par rapport au temps, c'est « entrer dans le temps » en faisant attention à consacrer ce temps et à convoler en justes noces, le plus souvent possible, avec l'univers tout entier. Je vois que les femmes ont cette qualité de pouvoir déclencher l'approfondissement, mais que les hommes ne s'en rendent pas bien compte. Si l'homme accepte d'en rire, ça va ; cette capacité de la femme à le dépoussiérer exige de l'humour. Mais si l'homme se prend au sérieux, cela peut être tragique. À tel point qu'aujourd'hui beaucoup d'hommes ne veulent plus vivre avec des femmes. Ils préfèrent rester dans leur coin à lire *L'Équipe* ou à astiquer leur bagnole parce qu'ils n'osent pas se faire « dépoussiérer » ! Une fois le feu intérieur éteint, les jours finissent par se ressembler, dans ce qu'on appelle la « morosité », c'est-à-dire le refus de la féminité de l'être. Je dis lire *L'Équipe*, mais je pourrais aussi bien dire : des compilations spirituelles. Je connais des hommes qui se plongent dans la spiritualité pour fuir leur plus belle moitié.

Dans vos stages en entreprise, vous travaillez avec des hommes. Pourriez-vous nous donner des nouvelles des hommes d'aujourd'hui. Comment vont-ils ?

Ce que je dois vous dire, c'est qu'ils sont merveilleux !

Ouf ! C'est rassurant !

Oui, ce sont des merveilles... mais ils ne le savent pas ! D'où la nécessité et toute l'importance qu'ils le découvrent. Le problème, c'est qu'ils n'entrent plus en intimité ni avec eux-mêmes, ni avec leur partenaire, ni avec les gens avec qui ils travaillent, ni avec leurs enfants, ni avec les amis et qu'ils sous-estiment l'apport vitaminé qu'offre le moindre tressaillement de joie, la moindre étincelle d'allégresse.

Et pour revenir au « masculin » et au « féminin », quand ils se conjuguent, quelle serait leur ultime « consécration » ?

Quand on parle du féminin et du masculin, on a tendance à oublier le neutre. C'est comme si on considérait qu'il y a homme/femme alors que c'est le « et » qui est intéressant entre les deux. « Un homme » et « une femme » se mettent au monde. Un homme et une femme se rencontrent tous les jours pour s'épanouir avec tout le monde. « Et », ce petit mot passe-partout, « conjonction de coordination ».

Pour conclure vos séminaires, vous proposez aux participants de lancer un vœu et d'offrir, à leur entourage et à tout un chacun, tout ce qu'il y a eu de beau, de bon et de vrai dans leur rencontre. Pour conclure cet entretien, pourquoi ne feriez-vous pas un vœu pour les hommes ?

Je souhaite donc à tous mes confrères qu'ils osent redonner aux gestes, à la parole et aux pensées le sens de l'émerveillement, de l'enchantement, de l'ébahissement. Oser s'enchanter, comme jamais, de cette source qui est source pour tout le monde. Source de sagesse, source de fougue, source de fougueuse sagesse, source de la féminité de l'âme. La concavité de l'être, quel avenir !

La Mère divine en Inde

DR JACQUES VIGNE

Il est un pays où la Déesse-Mère, sous toutes ses innombrables formes, se trouve encore respectée, priée, fêtée avec une ferveur à nulle autre pareille : l'Inde. Voyage aux confins de toutes les religions et mythologies, au sein d'une tradition vivante dont la métaphysique et les gymnosophies ont fécondé tout l'Orient, hier, et l'Occident, aujourd'hui.

Nous assistons actuellement à un intérêt croissant pour les valeurs féminines en spiritualité et à une meilleure appréciation de leur importance pour l'équilibre social, psychologique, religieux et même métaphysique de l'humanité. Une réflexion sur la Mère divine pourra aider à mieux comprendre l'aspect féminin de l'être. Pour cela, nous commencerons par explorer ce que l'Inde dit de la déesse ; le shaktisme représente, à l'intérieur même de l'hindouisme, une religion complète en soi, centrée sur la Mère divine, avec ses rituels, ses mythes, sa théologie et même sa non-dualité où Mahadevi (la « grande déesse ») se trouve assimilée au Soi.

Dans les religions du Livre, il y a un lien entre la suppression des déesses-mères liées aux cultes locaux et l'invasion du pays par des peuplades de tendance patriarcale. Ce phénomène a existé en Inde également, mais il y a eu là-bas une sorte de synthèse entre les envahisseurs aryens et les cultes locaux de la déesse-mère, qui s'est exprimée à partir du Moyen Âge dans le tantrisme et le shaktisme et qui continue jusqu'à nos jours. Dans l'hindouisme en général, le fait que les dieux soient adorés d'habitude avec leur épouse rend l'aspect féminin de l'être facile à percevoir par le fidèle. Ces notions ressortent actuellemnt dans le christianisme lui-même. Les Églises presbytérienne et méthodiste ont passé une déclaration disant que l'on pouvait parler à juste titre de Dieu comme Mère en même temps que comme Père. En Chine, le Tao est si fortement lié à la Grande Mère des origines qu'un traducteur récent du Tao-te-king en américain a choisi d'en parler au féminin en le désignant comme *She*.

On parle beaucoup d'amour, en Occident, mais il est possible que cela soit par compensation, l'amour véritable étant en fait rare. Il y a besoin d'une vision féminine du monde, c'est-à-dire holistique, pour équilibrer la conception séparatiste, scientifique, technologique et masculine qui voudrait souvent se présenter comme la seule autorisée. Pour cela, il est nécessaire de conférer un véritable souffle spirituel dans les mouvements féministes et écologiques, et de ne pas les limiter à une sorte de révolte de principe contre le système. La femme n'a pas à dénigrer sa divinité ; c'est, tout comme l'homme, sa nature profonde. Cette divinité qui est sous-jacente à chacun des deux sexes se révèle plus facilement quand il y a un regard d'amour provenant de l'autre sexe. La femme semble en un sens avoir plus de dons pour le spirituel à cause de deux facteurs : le fait de porter l'enfant et la vie favorise l'orientation vers l'intérieur, et le fait d'être globalement moins engagée à plein temps dans les luttes sociales et professionnelles – avec le durcissement de l'ego que celles-ci entraînent le plus souvent – favorise une plus grande sensibilité dans la vie spirituelle.

Du point de vue psycho-spirituel, la distinction entre les divers aspects du féminin – mère, épouse, amante ou fille – est relativement superficielle. Il y a une attirance globale, qui n'est autre que celle vers l'unité et l'origine. Un hymne souvent chanté en Inde dit : « Salutation à Toi, ô Déesse qui réside en chaque être sous forme de mémoire. » Que l'on soit homme ou femme, il s'agit de notre mémoire la plus ancienne. Des théologiens demandaient un jour à une femme écrivain qui était en faveur d'une religion de la Mère divine : « Où sont vos Livres sacrés ? » Elle répondit : « La Mère divine est ancienne, bien plus ancienne que tous vos Livres. »

La déesse intervient à plusieurs niveaux dans les religions de l'Inde : elle peut être une déesse locale liée à un village, l'épouse d'un dieu important du panthéon hindou ou la Mère suprême, la Mahadevi qui, fondamentalement, n'est pas différente du Soi. Le mot *devi* signifie étymologiquement « lumineuse » (c'est la même racine que le Zeus grec ou *dies*, le jour, en latin). Cette présence de la Mahadevi est éprouvée presque physiquement par les mystiques. Ramakrishna disait qu'on ressentait le pouls de la Mère divine derrière l'univers. Souvent, les déesses de village ne sont pas représentées complètement. Elles sont évoquées, par exemple, seulement au moyen d'une pierre, leur corps étant le terroir même du village. La pierre est parfois considérée comme un cordon ombilical qui relie le village à sa mère. Chaque villageois est fondamentalement fils de cette déesse, et même les musulmans assistent à ses festivals. Dans une région de montagne comme l'Himachal Pradesh, il y a trois cents noms de localités qui sont en fait des noms de la Déesse ; l'une des premières déesses importantes des Védas était la déesse d'une rivière, Sarasvati (« celle qui va sur les eaux »), devenue par la suite la déesse de la mémoire, du langage, des arts et de la connaissance en général. Sa fête en février est considérée à la fois comme la fête du printemps et la fête des étudiants et des écoliers, marquée par des célébrations dans les diverses institutions éducatives. Le Gange est féminin en sanskrit et en hindi, il est aussi considéré comme une déesse. Juste avant que quelqu'un ne meure, on lui fait boire un peu d'eau du Gange, ou on en verse au moins sur ses lèvres s'il ne peut plus avaler. Après le décès, le corps est baigné une dernière fois dans les eaux de « Mère-Gange », puis incinéré, et les cendres jetées dans la rivière. La famille, avant la crémation, aura elle aussi pris un bain dans le Gange.

La nature et la déesse

Nature et déesse sont intimement liées : la terre, très concrètement, est considérée comme « les reins de la déesse ». La déesse Shri des Védas est associée au lotus, symbole à la fois de l'épanouissement de l'univers, de la fécondité et aussi de la pureté, puisqu'il reste immaculé même quand il pousse sur des eaux boueuses. On dit qu'elle change souvent de mari, ce qui évoque les saisons de fécondité de la nature, et les variations de la fortune également. Un de ses maris est Kubera, le roi des esprits végétaux. À la période classique, Shri est assimilée à Lakshmi, déesse chargée, comme son mari Vishnou, de la conservation et de la protection de l'univers. Traditionnellement, la Mère divine est associée à la fécondité – facteur essentiel dans des civilisations entièrement dépendantes de l'agriculture et dont les enfants étaient en bonne partie décimés par des maladies. Une bonne fécondité était donc fondamentale pour la survie. Dans notre civilisation moderne où l'on connaît un problème de surpopulation et où la femme a la maîtrise de sa fécondité, cette dernière devient un aspect moins inséparable de la féminité qu'auparavant. L'univers lui-même est considéré comme androgyne. L'aspect de conscience pure est assimilé au masculin *(Purusha)* et la nature *(Prakriti)* au féminin. Il est intéressant de remarquer que ceci ne signifie pas que le féminin soit réduit au manifesté et à la matière. Il y a dans la nature une partie non manifestée, mais néanmoins dynamique et en cela différente du *Purusha*, qui est statique. Pour l'ermite comme pour le poète, le contact avec la nature est à la fois une rencontre de la mère et un moteur de transformation intérieure ; Milosz n'écrivait-il pas : « Solitude, ma mère, redis-moi ma vie » ?

Je vis en Inde auprès de Vijayananda, un Français qui a été pendant trente ans le disciple de Ma AnandaMayî, jusqu'à la mort de cette dernière en 1982. Il s'agissait de la femme maître spirituel la plus connue à son époque et, pour de nombreuses personnes, elle a incarné pendant plus d'un demi-siècle d'enseignement l'aspect féminin de l'être. Le fait qu'elle ait été femme et mère spirituelle facilitait grandement le transfert affectif de la part de ses disciples, transfert si important pour établir une relation solide, profonde et durable. L'aspect maternel met en avant la notion d'amour et d'acceptation inconditionnels, et une qualité de relation capable de transcender les conditionnements sociaux qui lui resteront extérieurs quoi qu'il arrive. Elle pouvait passer d'un moment à l'autre du rôle de mère à celui d'enfant, ce qui permettait à ses disciples de développer eux aussi, simultanément, les deux pôles de cet axe : enfance spirituelle et compassion maternelle envers ceux qui en ont besoin. Pour ceux qui connaissent les archétypes de l'Inde, elle pouvait entre autres évoquer Durga, la vierge guerrière créée par les pensées réunies des dieux pour tuer le démon que ceux-ci n'arrivaient pas à détruire.

Actuellement, la vitalité de l'hindouisme se manifeste aussi par une femme, Ma Amritanandamayi, qui n'a guère plus de quarante ans. Son itinéraire spirituel durant l'enfance et l'adolescence a été marqué par une relation forte à la Mère divine. Elle voyait celle-ci autour d'elle, à tel point qu'à certains moments elle se mettait à téter le sein des femmes qu'elle assimilait pour un temps, concrètement, à la Mère divine. Sa réalisation se manifeste particulièrement sous forme de tendresse maternelle envers les foules qui viennent lui rendre visite ; elle a coutume de prendre dans ses bras tous ceux qui viennent s'agenouiller devant elle.

Dans le shaktisme, la Déesse suprême (Shakti, Mahadevi) est considérée comme supérieure à Shiva : ce dernier est un mendiant qui erre dans les champs de crémation et les forêts, dépeigné et à peine vêtu. Le pouvoir qu'il a lui vient en fait de la Déesse. C'est cette dernière qu'on a priée afin qu'elle retire le sommeil de Vishnou, pour que celui-ci puisse créer le monde. Parfois, on dit que les quatre dieux principaux du panthéon hindou ne sont que les quatre membres du corps de la Mahadevi. Cette dernière est au-delà des contraires : on la décrit, dans un hymne chanté tous les jours dans certains ashrams, comme la « grande démone » *(mahashuri)*, la grande nuit, la nuit obscure, la nuit terrible... Ramakrishna explique cet aspect noir de la Déesse en disant qu'il vient du fait qu'on la voit de loin : de même, l'eau d'un lac peut paraître noire de loin, mais elle est transparente quand on la prend dans la main et qu'on la regarde de près. Ainsi, la Mahadevi n'est ni obscure ni claire, ni féminine ni masculine, elle est pure transparence, elle est le Soi. Elle est Mahamaya ; cela ne signifie pas qu'elle est illusion, mais simplement qu'on ne peut pas dire si elle est ou si elle n'est pas : elle est au-delà de toute définition.

Méditer sur la Mahadevi est suffisant pour atteindre l'absolu : on raconte qu'un jour Shiva était avec Parvati (son épouse, qui correspond à Mahadevi). Il dit à leurs deux enfants qu'il donnerait une grande récompense à celui des deux qui serait le premier à avoir fait le tour du monde. Kartikeya partit tout de suite en courant. Mais Ganesh, qui comprenait plus profondément les choses, se contenta de faire le tour de sa mère Parvati. C'est lui qui obtint la récompense.

Le bonheur véritable

On dit dans la *Taittiriya Upanishad* (2, 7) : « Comment les êtres vivants pourraient-ils respirer et vivre s'il n'y avait pas cette félicité *[ananda]* dans l'espace ? » La félicité maximum d'un être humain ordinaire est considérée comme seulement la centième partie de la félicité des êtres célestes, qui n'est elle-même que la centième partie de la félicité de Brihaspati... qui n'est elle-même que la centième partie de la félicité du sage qui connaît les Védas et est libre de tout désir. Le bonheur qui naît de l'union de l'homme et de la femme, ou de l'amour entre enfant et parent, est puissant parce qu'il est un reflet du Soi.

L'éternel féminin qui attire l'homme vers le haut, l'éternel masculin qui attire la femme vers le haut, n'est pas une illusion ; c'est au contraire la grande réalité. L'illusion vient seulement lorsqu'on veut réduire cet éternel à une personne avec l'arrière-pensée de pouvoir la posséder complètement – et qui dit illusion dit automatiquement désillusion.

La tendance habituelle du désir est de se répéter pareil à lui-même : il faut déjà une certaine intensité intérieure pour espérer sortir de ce cercle répétitif qui, sinon, amène à une déception, une usure de ce qu'on identifiait à la vie. Certains ont appelé cette déception « instinct de mort », mais, en réalité, c'est lui donner trop d'importance : il s'agit plutôt d'un instinct de vie déçu car il s'est trompé d'objet.

Le couple et le cheminement vers un amour au-delà du mental

On peut distinguer deux niveaux de communication dans le couple : le niveau mental et le niveau au-delà du mental. Pour un couple qui a du mal à échanger, une communication au niveau mental est déjà un bon progrès. Elle permet une certaine prise de conscience de l'ego, précisément par le frottement avec un autre ego. Il y a en fait plusieurs sous-personnalités, sous-ego, qui viennent au premier plan selon les situations. Cependant, le risque d'un excès de communication au niveau mental peut être par exemple de donner une réalité exagérée à des problèmes qui auraient pu, sinon, être dissous par le flux naturel de la vie relationnelle ; ou bien de créer des complications dont il devient difficile de s'extraire, du genre : « Moi je pense que toi tu penses que moi je pense que toi... » Quand on a constaté répétitivement qu'on avait été piégé par ce genre de cercles mentaux, une réaction se produit, une énergie s'éveille, et l'on se met à rechercher réellement une communication au-delà du mental. Que ce soit au niveau de l'individu comme au niveau du couple, la véritable paix ne peut être trouvée que si l'on va au-delà du mental. Il est très difficile de se passer de support : pour la plupart, la famille est le support privilégié où on apprend à voir Dieu. Dieu sera alors vécu comme un Dieu personnel, un père par exemple ; ce support est normalement renforcé par un autre support, celui d'un rituel communautaire ou familial dans l'hindouisme ; ce rituel est comme le corps de Dieu. Après, celui qui veut aller loin sur le chemin spirituel éprouve le besoin de trouver un support intermédiaire, une sorte de marche vers le non-support, et c'est le maître spirituel qui devrait permettre de se libérer des supports habituels.

Si nous reprenons cette question du détachement et de l'amour au-delà du mental en d'autres termes, on peut distinguer trois stades :

– le stade de l'« attachement-attachement », qui est celui du bébé entièrement dépendant et identifié à sa dépendance ;

– le stade du « détachement-attachement » qui est celui de l'adolescent et de l'adulte jeune qui se détache de ses parents pour s'attacher dans une relation de couple ;

– le stade de « détachement-détachement » qui est celui de la maturité spirituelle, correspondant en Inde au *vanaprastha* où, même si l'on continue à vivre en couple, le détachement intérieur a mûri, et le stade du *sannyas*, où l'on se détache à la fois à l'intérieur et à l'extérieur.

Il est intéressant de noter que les mots « sexualité » et « sacré » sont apparentés à la même racine : *sec*, qui signifie « séparer ». Un des sens de cela est qu'il est important de ne pas banaliser l'amour physique. Quelqu'un qui ferait l'amour comme il fumerait une cigarette n'aurait guère de chance de comprendre quoi que ce soit au sacré et au spirituel.

Dans le système hindou, il y a une séparation claire entre la relation de couple qui, dans la grande majorité des cas, reste dans le cadre du mariage avec tous ses droits et devoirs, et la relation de chacun des membres du couple avec le maître spirituel qu'il s'est choisi. Il s'agit d'une relation spécifique en ce sens que l'un des deux pôles de la relation, le maître spirituel, n'a plus d'ego, s'il est authentique, évidemment. Dans ce cas, l'ego du disciple n'est plus simplement usé en surface par le frottement avec un autre ego, il est naturellement dissous dans un espace qui l'englobe de toutes parts. On cherche, dans un couple habituel, l'âme sœur ; mais dans la relation qu'on établit avec un maître spirituel, on trouve l'âme mère. En ce sens, tout maître spirituel, même s'il est un homme, est en fait une mère spirituelle, non pas une personne, mais un relais privilégié entre nous et la Mère originelle, l'aspect féminin de l'être.

La féminité de l'âme et le mariage intérieur

Jung disait que le seul vrai mariage, c'est-à-dire le mariage dépourvu de toute projection, était le mariage intérieur. Le mariage extérieur est une préparation, un acheminement progressif vers cet état de mariage intérieur. En Inde, l'androgyne reçoit un culte en tant que tel sous forme d'Ardhanarishwara, le dieu mi-homme mi-femme, avec une latéralité du corps masculine et l'autre féminine. Une représentation de structure analogue est celle d'un dieu qui est à moitié Vishnou et à moitié Shiva. Il s'agit là aussi d'une représentation remarquable du génie synthétique de l'Inde, permettant de limiter les risques de guerre de religion entre les sectes vishnouites et shivaïtes. De même, la représentation du dieu Ardhanarishwara permet de limiter les risques de guerre des sexes.

Pendant une phase de sa pratique spirituelle, Ramakrishna s'était habillé en femme et avait vécu dans les appartements des femmes. Il s'agit d'une pratique chez les fidèles de Krishna pour montrer que le seul mâle est Dieu et que, par rapport à lui, toutes les âmes sont féminines. L'identification à un corps masculin ou féminin est enracinée presque aussi profondément que l'identification au corps lui-même. La remettre en question dans un but spirituel ébranle une base fondamentale de l'ego et permet un élargissement de conscience inattendu. Un jour, la grande mystique Mirabai est venue voir à Vrindavan (petite ville près de Delhi où Krishna est censé avoir vécu) le successeur de Chaitanya Mahaprabhu, le réformateur du culte de Krishna au XVIe siècle. Celui-là était très strict, et fit dire à Mirabai qu'il ne voyait pas les femmes. Elle lui fit parvenir la réponse suivante : « Tu dis que tu ne vois pas les femmes, mais je croyais qu'il n'y avait qu'un homme à Vrindavan, Krishna. » Le moine comprit tout de suite à qui il avait affaire, et reçut Mirabai.

L'anthropologie confirme la psychologie en montrant que le mental humain fonctionne fondamentalement par paire d'opposés. Chez les primitifs, non seulement les hommes et les femmes sont nettement séparés, mais la tribu est séparée en deux groupes complémentaires. Les animaux et plantes tabous pour l'un ne le sont pas pour l'autre, et vice-versa. Si une certaine distribution des rôles est inévitable du point de vue social et psychologique, la différence entre les groupes et les sexes doit être dépassée par la démarche intérieure, spirituelle. Il ne suffit pas de rester fixé à l'alternance indéfinie des *dvandvas* (paires d'opposés), du *yin* et du *yang*, mais de les transcender par l'expérience du *dvandvatita* (au-delà des paires d'opposés), du Tao primordial.

Trouver une âme sœur procure un grand bonheur ; mais il est un état qui procure un bonheur mille fois plus grand, c'est de constater que toutes les âmes sont sœurs, que toutes elles boivent le même lait, le lait du Soi : ne peut-on pas dire qu'elles sont sœurs de lait ?

Si on considère les expressions, on s'apercevra qu'on parle de revenir à soi-même, et non pas à lui-même ou à elle-même. Cet indice donné par le langage n'évoque-t-il pas le fait que la voie de la connaissance, c'est-à-dire la démarche réflexive du « Qui suis-je ? » aboutit ultimement dans « cela », qui est au-delà de la masculinité ou de la féminité de l'être ?

Le couple intérieur

RENCONTRE AVEC MARGO ANAND

Il est toujours intéressant de suivre le cheminement initiatique et oriental d'une personne, et de voir l'assimilation qu'elle peut faire de son expérience dans sa vie quotidienne. Margo Anand en a tiré une méthode aujourd'hui internationalement reconnue pour devenir, en couple, partenaires lucides dans une « co-création » active et ouverte.

Question : Qu'est-ce que la féminité de l'être pour vous ?

Margo Anand : Pour moi, « être » est déjà quelque chose de féminin en soi. Être, c'est avoir l'impression de se suffire à soi-même, de n'avoir rien à faire pour se définir, pour prouver qui on est, pour prouver qu'on existe. C'est une attitude réceptive, passive, qui est celle de la fleur dans le champ, de l'arbre dans la prairie, de la vague dans l'océan. Être, c'est sentir que l'on appartient à une réalité du monde qui est plus vaste que soi, une réalité englobante qui existe en soi. Il y a dans cette conception de l'être quelque chose de profondément féminin. Malheureusement, cette vision a été occultée – par l'homme, bien sûr, mais aussi par la femme qui a vécu dans une culture patriarcale. La femme a occulté le sens spirituel, la direction profonde de son essence féminine. La femme n'a pas réussi à faire confiance à son « être », à sa profonde divinité, à sa signification ontologique... Pour prouver que la féminité avait une valeur en soi – la valeur n'étant plus donnée par la culture –, elle a donc cru qu'il était nécessaire d'être la servante de l'homme, de servir le plaisir de l'homme et de se déterminer dans un « faire » par rapport à lui, c'est-à-dire en tant que mère qui lui donne des enfants, en tant que femme qui le valorise, en tant qu'objet sexuel qui lui donne du plaisir. Et c'est à travers ce « faire » forcené qu'elle a voulu redonner une signification à son *moi* profond alors que la valeur de son être en tant que femme lui était déjà donnée. Elle a cru « devoir faire quelque chose » pour se définir, pour être aimée, pour être reconnue. Et au fur et à mesure qu'elle s'acharnait à montrer son « être » par son « faire », elle s'est pris les pieds dans le problème, n'a plus su comment se définir et en est arrivée à être en compétition avec l'homme, à vouloir lui ressembler.

Il me semble que maintenant, dans les démarches spirituelles actuelles, et particulièrement dans la démarche du tantra, il y a une possibilité de retrouver une co-valorisation, une signification profonde des qualités féminines et masculines, la possibilité de devenir partenaire dans une « co-création ». C'est-à-dire que moi, en tant que femme aimante, je suis là pour t'aider à sentir ta valeur d'homme dans ton être profond, et toi, en tant qu'homme, tu es là pour m'aider à sentir ma valeur de femme dans mon être profond, simplement en m'acceptant telle que je suis.

Comment avez-vous vécu cette reconquête de votre féminin intérieur dans vos relations aux hommes, aux femmes et à votre créativité ?

Un peu comme je viens de le décrire... D'abord, j'ai été influencée négativement par le fait que mon père, qui était très patriarcal et dominateur, avait très envie d'avoir un fils. J'étais la première enfant née dans ma famille et mon père, au départ, était déçu d'avoir eu une fille. C'est pourquoi j'ai été éduquée d'une manière très « masculine », toujours poussée à me réaliser dans le faire, à être perfectionniste, à vouloir entrer par la grande porte, faire des études, avoir du succès, etc. Ainsi, au début, j'ai été influencée dans la définition de ma féminité par la conquête, avec des acquis et une activité valorisante. Puis je me suis rebellée contre cela. Ensuite j'ai traversé une période durant laquelle je suis partie dans un hédonisme fou, c'est-à-dire dans une recherche de libération de ma féminité avec le fait d'aimer, d'être aimée, de découvrir l'érotisme – érotisme forcené, toute la journée... J'adorais ça et j'avais l'impression qu'à travers l'amour érotique, je découvrais ma liberté ; je n'appartenais plus au père mais, à travers l'amour que me portait mon amant et mon attirance vers lui, je m'appartenais enfin. Et ce n'est que bien plus tard, quand j'ai commencé à avoir des expériences mystiques, à faire une recherche profonde dans le tantra et à vivre en Inde, que j'ai vécu l'harmonisation de mon être avec l'union de la femme et de l'homme intérieurs. Je sentais ces deux parties de moi-même se toucher, fusionner énergétiquement, danser l'une avec l'autre. Cette fusion s'est produite à l'intérieur de moi, et le fait d'être femme devenait quelque chose de magnétique, d'attirant, de donné, quelque chose qui était déjà tissé et implicite dans le fait « d'être moi ». Cela devenait comme une sorte de grâce, de tranquillité, de sourire, de reconnaissance de la femme intérieure. Voilà les étapes que j'ai traversées.

Quelles sont les voies que nous devrions emprunter sur un plan collectif pour faire ressurgir les valeurs féminines ? Vous voyagez beaucoup, qu'avez-vous observé au sujet de la relation des hommes avec leur féminin intérieur ?

Je vois que les choses changent et je pense que l'évolution est parallèle chez l'homme et la femme. Dès qu'ils font un travail profond sur l'ego, les projections se dissipent pour faire place à la conscience. Si on arrive à dépasser la constante dualité des processus d'identification, de notre émotivité, du fait de prendre au sérieux tout ce qui sépare, dichotomise – j'aime, je n'aime pas, ça c'est bien, ça c'est mal –, il devient possible de se sentir à l'aise aussi bien dans le *yin* que dans le *yang*.

Par exemple, je pratique le tantra avec un partenaire qui a une pratique de yoga, de tantra et de travail profond sur lui-même depuis dix ans. Ce qui fait qu'il est aussi à l'aise dans le fait d'animer et de prendre la direction des choses que dans le fait de m'écouter, de me respecter et de me laisser diriger. Il n'y a pas d'histoire d'ego mâle qui doit trouver sa place et qui se sentirait mal à l'aise auprès d'une femme puissante, qui serait la star d'un show ou d'une conférence. Cela n'est possible que si l'homme a accepté sa féminité. Alors il est à l'aise dans son côté réceptif, passif, il est à l'aise quand il apprend d'une femme qui l'initie, et il est aussi à l'aise dans sa position de mâle fou qui aime la prendre, qui aime faire sortir son feu. Cette relation est le véritable jeu où l'homme intérieur et la femme intérieure ont chacun leur place. Il n'y a plus de compétition et de pouvoir entre eux.

Je pense que cette démarche intérieure est aussi importante pour l'homme que pour la femme. La femme a cherché à se masculiniser sans avoir développé une compréhension de sa féminité et cultivé une confiance en celle-ci. Il s'agit de rééquilibrer les choses. D'autre part, au niveau global, il faut aller plus loin. La religion chrétienne nous a tellement fait croire que nous sommes nés du péché originel que cela a influencé la séparation entre la femme et l'homme.

L'emprise de la civilisation industrielle valorisant l'argent, la propriété, aux dépens des valeurs maternelles et créatrices, est à l'image de ce même mythe de division entre l'homme et la femme. Il y a aujourd'hui une émergence au sein de la spiritualité qui tend à retourner aux valeurs traditionnelles, à une spiritualité de la nature influencée par les origines matriarcales de l'humanité qui tendent à restituer le rôle de la féminité en tant que moteur spirituel majeur. Cette spiritualité s'oriente vers un équilibre entre les valeurs masculines et féminines. Il faut savoir sentir, aimer et respecter les différences entre l'homme et la femme. L'égalité ne signifie pas qu'ils soient tous les deux pareils.

Donc votre cheval de bataille, en vue de l'émergence des valeurs féminines, est d'enseigner aux hommes et aux femmes que leur corps est le véhicule privilégié du spirituel. Comme disait Novalis : « Mon corps est un temple »...

Il ne s'agit pas simplement de prendre le corps comme véhicule de la spiritualité. Dans toute cette histoire, le corps est une métaphore du féminin. On peut voir à cela une extension dans la vie culturelle et politique, domaines où le féminin est mal compris et n'a pas sa place. Regardez ce qui s'est passé récemment aux États-Unis où, traditionnellement, la féminité n'a pas sa place. Le président Clinton a voulu valoriser et donner un rôle politique à sa femme. Cela a engendré un tohu-bohu énorme dans les cercles politiques à Washington et dans la presse. Les polémiques au niveau du Sénat, du Congrès, étaient intenses. On disait : « C'est Hillary R. Clinton qui gouverne, maintenant ! » Elle n'a pas gagné la bataille, mais elle s'est néanmoins manifestée. Donner une place grandissante aux femmes en politique, ce n'est pas facile ; on fait deux pas en avant et trois en arrière. Il en est de même pour les rôles culturels ou tout rôle décisionnaire ou de pouvoir.

Militer pour que les femmes aient de plus en plus de rôles de pouvoir fait partie, selon vous, des actions indispensables à cette émergence du féminin...

Oui, mais il faut savoir qu'on ne peut distribuer des rôles qu'après qu'une intériorisation et une compréhension spirituelles ont eu lieu. Tout commence par la connaissance spirituelle. Ensuite, celle-ci se traduit au niveau artistique et culturel et, seulement après, il peut y avoir des répercussions sur le politique. C'est un ensemble de choses qui procède par enchaînement. Je dis toujours qu'il est évident dans le monde politique que c'est celui qui ne s'est pas intériorisé et n'a pas réussi à canaliser sa *kundalini* à l'intérieur de lui qui s'extériorisera de manière agressive. D'autre part, de nos jours, la vie politique de la plupart des pays est gouvernée par des individus qui ont passé l'âge de soixante-cinq ans. C'est-à-dire des hommes vieux, d'une autre génération, qui souffrent pour la plupart d'un cancer de la prostate. C'est l'un des syndromes actuels. Il a été démontré que le pourcentage de sperme porteur de virilité est descendu à quarante pour cent ces dix dernières années. C'est-à-dire que, sur le plan strictement biologique, les hommes sont beaucoup moins porteurs d'énergie virile qu'auparavant. C'est quand même intéressant...

À quoi cela est-il dû ?

La plupart des hommes ne savent pas « prendre

soin » de leur énergie. Tout est là. Ils n'ont pas un regard assez naturel et féminin sur la guérison, leur corps, leur santé, la vie en général. La pollution environnementale est un aspect extérieur de ce même problème.

Il faudrait que tous les hommes de pouvoir rencontrent une femme qui les initie au tantra ! Considérez-vous que les qualités de votre couple intérieur ont évolué ? Comment décririez-vous l'alchimie de ce mariage intérieur, de votre masculin et de votre féminin ?

Ce couple n'a cessé d'évoluer. L'expérience la plus forte dont je me souvienne s'est passée en Australie. Je me suis retrouvée dans une habitation privée avec des amis qui faisaient une recherche personnelle inspirée des enseignements chamaniques des aborigènes. Lors de ce séjour, le projet était d'entrer dans un état entre la vie et la mort. La première semaine, vous ne mangiez rien, vous ne buviez rien et vous ne deviez faire ni avoir aucune pratique spirituelle – ne pas méditer, ne pas écrire, ne pas lire, ne pas visualiser, ne pas observer sa respiration, rester dans le « non-faire » total. Une semaine entière à sentir les couches de votre ego se désintégrer. Vous pouviez vous rincer la bouche, mais sans avaler, vous ne pouviez pas boire, mais vous pouviez prendre un bain. J'ai tout suivi à la lettre ! La deuxième semaine, l'expérience continuait en buvant de l'eau et la troisième semaine l'eau était mélangée avec du jus de fruit. C'est alors qu'il m'est arrivé une expérience très profonde, au cours d'une méditation sous un arbre. Je me suis vue en homme, et j'étais assise en *yab-yum* autour de l'homme, en fusion avec lui. Dans cette fusion, il y eut une grande lumière qui a jailli dans tout mon corps, montant tout droit au *chakra* de la couronne pour aboutir au faîte de l'arbre qui s'est finalement élevé dans l'univers. C'était comme l'aboutissement de ce temps de purification, le message final. Depuis ce jour, quelque chose a changé. Pour me sentir bien dans ma peau, je n'ai plus besoin de conditions extérieures, je n'ai plus besoin d'être dans un lieu particulier, dans un pays particulier, d'avoir de d'argent, d'être avec ou sans homme, d'être mariée ou pas mariée, d'avoir des parents ou pas. C'est devenu intrinsèque à moi-même. Aucun mot ne peut décrire cet état, c'est une espèce de bien-être joyeux, tout simple, et pour moi la qualité de ce couple intérieur se traduit uniquement par cette simplicité de présence, indéfinissable et non conditionnée. Le seul signe extérieur de cet état, c'est que dans ma vie, actuellement, tout coule de source. Il y a une sorte de *success beyond struggle* : plus de lutte, plus de conflit avec les gens ; il n'est plus question d'imposer mon point de vue, de sentir que quelque chose n'est pas juste et qu'il faut faire mieux. J'ai l'impression d'avoir été touchée par la grâce. Et je ressens une profonde gratitude d'être qui je suis là où je suis, maintenant.

La quête tantrique

DANIEL ODIER

« Tantra » : voici un mot culte en Occident. Il cache en fait un système mystique complexe, l'un des plus anciens de la planète, celui du tantrisme shivaïte du Cachemire. Son aspect mystérieux est dû à son difficile décryptage et sa pratique nécessite une immense rigueur ascétique.

Le tantrisme shivaïte du Cachemire occupe une place exceptionnelle dans l'histoire de la pensée. Né il y a plus de sept mille ans dans la vallée de l'Indus, ce courant mystique, scientifique et artistique de la culture dravidienne englobe la totalité des potentialités humaines sans aucune exclusion, utilise les sens et privilégie l'action de l'adepte qui s'engage totalement sur la voie de la connaissance. Le tantrisme est probablement la seule philosophie antique qui ait traversé tous les soubresauts historiques, toutes les invasions, toutes les dominations, pour nous parvenir intacte par une transmission de maître à disciple ininterrompue. La seule, aussi, à conserver l'image de la Grande Déesse sans opérer l'inversion de pouvoir entre la femme et l'homme pour favoriser ce dernier.

Les Dravidiens, peuple marin, bâtirent les grandes cités de Mohenjo Daro et Harappa. Leur civilisation s'étendait de la vallée de l'Indus, dans le Pakistan actuel, jusqu'à la mer Rouge et la Méditerranée. L'invasion des tribus aryennes venues d'Ukraine, il y a trois mille ans, a imposé le védisme. Les maîtres tantriques ont fui les citadelles occupées et se sont installés dans les campagnes et dans les lieux inaccessibles de la chaîne himalayenne. Le tantrisme shivaïte a ressurgi au grand jour à partir du début de notre ère et atteint son apogée vers le XIe siècle au Cachemire, lieu naturellement placé aux carrefours des grandes routes culturelles et commerciales. Le Cachemire faisait partie du mystérieux pays d'Oddiyâna, situé entre l'Afghanistan, l'Inde et le Pakistan. Il incluait la vallée de Swât, lieu de naissance de nombreux *mâhasiddha* et *dâkini*, grands initiateurs et initiatrices tantriques qui diffusèrent la doctrine dans le reste de l'Inde, au Népal, en Chine et au Tibet.

L'une des plus grandes révolutions intérieures opérées par la quête tantrique, à travers le shivaïsme cachemirien, fut pour moi la révélation que l'éveil ne peut s'accomplir tant que les limitations arbitraires relatives à l'appartenance sexuelle n'ont pas cédé. La montée de la *kundalini* ne peut avoir lieu que dans un corps/esprit où toute dualité s'est disséminée dans l'espace par l'ouverture du cœur. Et le cœur, c'est Shiva/Shakti, l'androgyne, créateur du yoga, seigneur de la danse et de la vibration ; l'ondoiement parti du cœur qui ouvre toutes les autres roues *(chakras)* et permet de recouvrer l'état extatique qui a toujours été en nous.

L'extase innée

La présence de cette extase innée est l'une des grandes richesses du tantrisme et c'est sur cette réalité que se déploie toute la quête : mouvement intériorisé, retour au Soi, abandon de tout fantasme spirituel d'atteindre à une connaissance suprême ou à une révélation qui serait hors du Soi. Non-voie, enfin, puisque d'un point de vue absolu, nous sommes le dieu, la déesse que notre vision dualiste nous poussait à imaginer à l'extérieur de soi-même. Abhinavagupta, l'une des plus grandes figures du shivaïsme cachemirien, écrivait dans ses hymnes, au XIe siècle : « Je rends hommage à Bhaïrava félicité, plein de conscience, qui réside dans le lotus du cœur. C'est lui que les divinités des sens vénèrent perpétuellement par l'offrande des jouissances de leurs propres objets. »[1] Cette jouissance ne devient une offrande que lorsqu'elle est déliée de tout projet personnel, de tout lien à l'ego, de toute appartenance masculine ou féminine, et que, par la vivacité de sa présence au monde, le *tantrikâ* est à la fois la source et l'aboutissement de la vibration qu'il déverse et qui, après avoir

1. *Hymnes,* d'Abhinavagupta, traduits et commentés par Lilian Silburn, Institut de civilisation indienne, 1986.

traversé le monde, lui revient, enrichie de cette fusion. Alors seulement, sujet et objet, adorateur et adoré réunis par l'extase, boivent ce que les textes tantriques nomment la « suprême ambroisie », c'est-à-dire la jouissance du Soi qui recèle l'intégralité du monde, toute sa lumière, mais aussi toute son obscurité.

Présence des sens et illumination divine

Cette omniprésence des sens, de la vibration divine continue qui traverse tous les états que peut connaître la conscience humaine, toutes les modalités de la réalité divisée en trente-six *tattva* à partir des éléments de base – la terre, l'eau, l'air, l'éther, le feu –, jusqu'au plus haut achèvement mystique – Paramashiva, l'indifférencié androgyne où Shiva et Shakti sont indissolubles –, est la marque du tantrisme le plus profond. Rien n'échappe à la réalité du monde, la totalité du divin est inscrite dans chaque atome et chaque atome n'est autre que mon propre corps. C'est d'ailleurs de cet androgynat que Shiva et Shakti sortent et auquel ils retournent, le temps de donner au monde un texte révélé, comme le *Vijnânâbhaïrava Tantra*[1].

1. Cf. *Tantra Yoga*, traduit et commenté par Daniel Odier, Albin Michel, 1998, qui renferme toutes les pratiques par lesquelles le *tantrikâ* peut recouvrer le divin en soi-même.

La grande union

À l'image de Shiva et Shakti, le *tantrikâ* est parfois admis à pratiquer avec son maître, ou sous son contrôle, le rituel sexuel de la grande union. Les seules conditions requises sont d'avoir l'âme d'un héros, le cœur ouvert, la maîtrise de la respiration, du contenu mental, des processus physiologiques et des attachements liés à l'ego. Alors, la *Maithuna*, le rituel d'union sexuelle, devient la réalisation dans la chair d'un processus préalable de fusion intérieure où les pôles masculins et féminins sont parfaitement intégrés. L'acte sexuel n'est plus un moyen illusoire de parvenir à l'unité, mais plutôt la matérialisation de la dissolution des notions duelles et non duelles.

Car prise à l'envers, utilisée comme moyen, l'union sexuelle ne fait que renforcer les « nœuds » qui nous lient à l'illusion de la dualité et oblitèrent toute possibilité d'accéder au centre du cœur, domaine de Shiva/Bhairava, où gît la félicité la plus ardente.

L'enseignement de l'existence de ces « nœuds » fait partie du côté iconoclaste et direct des enseignements du tantrisme cachemirien et je me souviendrai toujours de ma déception lorsque mon maître, Devî, m'annonça, avec humour, que ce que je considérais comme des *chakras* n'étaient en fait que des « nœuds » et que seul le *tantrikâ* accompli voit ses « nœuds » se transformer en *chakras*, « roues » dans lesquelles l'énergie s'engouffre en les faisant tournoyer.

Le cœur de Shiva/Shakti

Pour accéder au cœur de Bhaïrava/Bhaïravi, Shiva/Shakti, à l'androgyne en soi, la quête du *tantrikâ* commence par la présence détendue au monde. Les sens et l'esprit disséminés dans le réel qui contient la totalité de l'absolu, le *tantrikâ* s'ouvre, vibre, s'étend à chaque contact. Peu à peu, cette présence, cette qualité d'attention, d'abord intermittente, s'installe et commence à occuper le temple de son propre corps. Pendant ce processus ininterrompu, l'impression la plus forte qui me soit restée est que Devî introduisait en moi de l'espace. Mon corps se distendait, gagnait peu à peu sa féminité profonde et accédait par là même à ce que le tantrisme appelle virilité, c'est-à-dire à la capacité de s'émerveiller.

Du maître intérieur à l'âme sœur

JEAN LETSCHERT

Le féminin de l'être ne se confond-il pas avec le sentiment poétique ? Et la quête de l'âme sœur n'est-elle pas la recherche éperdue de la moitié qui nous manque ? Car, nous le pressentons, au-delà de la pulsation du binaire se trouve l'infini en œuvre.

Lors de mes premières pérégrinations dans les Himalayas, il y a une trentaine d'années, un *sâdhu* m'avait dit une phrase qui, à l'époque, me paraissait déconcertante : « Si tu peux comprendre l'âme d'une femme, tu connaîtras le monde et ce qu'il y a derrière le monde. »

Cette phrase semblait à la fois banale et énigmatique. Superficiellement, elle faisait penser à ce genre de phrases toutes faites, que l'on trouve dans plusieurs traditions autant que dans les courants psychologiques contemporains. L'archétype de l'*anima mundi* s'est perpétué dans les traditions ésotériques de l'Occident depuis l'Antiquité et, d'une certaine manière, nous avons une conscience inavouée de la relation intime de la femme à la nature du monde. Mais il y avait autre chose dans ces mots prononcés par ce saint homme au regard fixe et pénétrant, couronné d'une épaisse croûte de cheveux roussis et vêtu d'un simple tissu rapiécé et délavé ; il y avait une vérité qui se dissimulait derrière la vérité apparente des mots, sans doute ce « quelque chose » qui, mystérieusement, se cachait derrière le monde, et qui s'installa dans ma conscience de manière indélébile. Cette énigme devait me poursuivre pendant de nombreuses années dans ma quête spirituelle, au point de devenir pour moi une sorte de *koan* qui, au fil des années, a littéralement transformé ma vie.

Toute quête spirituelle cache sans doute de nombreux paradoxes. Dans leur ensemble, la plupart des traditions, dès qu'elles se mettent à baliser le chemin sinueux de la quête pour y établir des repères et des étapes marquantes, n'hésitent pas à déconseiller, voire interdire, parfois dogmatiquement, toute forme de compagnie avec la gent féminine. Alors qu'il composa des œuvres admirables dédiées à la Déesse-Mère, Shankaracharya lui-même a écrit : « De toutes les naissances, la naissance humaine est la plus difficile à obtenir ; plus difficile encore est celle dans un corps masculin. » Aspirants spirituels, vous voilà prévenus ! Qu'elles soient d'Orient ou d'Occident, bon nombre de traditions à finalité monastique – prônant l'ascèse et le renoncement comme uniques moyens de délivrance – insistent irrévocablement sur la nécessité de s'écarter de tout ce qui est, directement ou indirectement, lié à la féminité, source de toutes les déviations sensuelles et mondaines, et objet de toutes les tentations.

Et voilà qu'un ermite des fins fonds des Himalayas me parlait de l'âme d'une femme, en me confiant à voix basse, presque imperceptible, comme s'il voulait me confier un secret, que sa compréhension, intime et profonde, conduisait à une connaissance bien plus vaste encore, celle de ce qu'il y a derrière le monde.

Mais, derrière le monde, il n'y a rien, sinon Dieu, sinon l'Absolu, sinon l'inconnu. Connaître l'âme d'une femme pouvait donc me faire connaître l'inconnu et me mettre face à face avec Dieu ? Pourtant, cet ermite au visage rayonnant ne semblait nullement vouloir se moquer de moi. Le sérieux et l'intensité avec lesquels il avait prononcé ces mots avait atteint une cavité de mon être que je ne connaissais pas, et il ne me vint pas à l'esprit de hausser les épaules et d'aller mon chemin sans faire trop attention à ses recommandations. Au contraire, je me suis assis au bord du gouffre, et j'ai fermé les yeux pendant de longs instants. J'ai senti ces mots envahir tout mon être, comme s'ils réveillaient chaque cellule au passage et, animé par un grand frisson intérieur, j'ai disparu dans une profonde méditation.

Ce qui s'était installé en moi, par la magie de ces mots simples d'une grande fécondité, c'était un état poétique intense, une poésie intime de l'être. La perception du monde n'était autre qu'un acte poétique. La découverte des rythmes et de la musique qui circulaient au travers des phénomènes semblait comme une réalité en deçà de toutes les réalités partielles.

L'éros en toute innocence

Je réalisai dès cet instant que, depuis mon enfance, j'avais toujours cherché à vivre et à comprendre poétiquement les êtres et les choses. J'étais animé par un besoin presque viscéral d'une poésie de la vie.

La poésie, telle que je souhaitais la vivre, n'était pas qu'une succession de rimes – bien que cela en fasse partie –, mais plutôt une condition de l'âme qui pénètre la nature de toutes choses pour y découvrir la vibration intime de leur intériorité, la musique essentielle qui ponctuait leur forme et leur sens. J'avais le sentiment que cette perception était incommunicable aux autres garçons de ma classe. Le sentiment que je vivais quelque chose d'essentiellement féminin. Ce féminin contenu m'apparaissait comme un corps dans mon corps. Un corps de poésie.

Plus tard, je devais réaliser qu'il n'y a pas de philosophie véritable, pas de religion véritable, sans poésie, c'est-à-dire sans éros conscient. Et le féminin est ce qui donne à la spiritualité, quelle qu'elle soit, sa poésie.

C'est une chance inouïe de voir son destin tout tracé devant soi alors qu'on se trouve encore au seuil de la puberté. Je n'avais pas neuf ans lorsqu'un événement extraordinaire me fit prendre conscience de mon destin d'artiste. Je me souviens qu'à l'âge où beaucoup de jeunes garçons se livrent à des masturbations quotidiennes, j'étais envahi dans tout mon corps d'une exaltation étrange et extatique qui me faisait pénétrer dans un monde imaginaire, illimité. Un monde fait d'arabesques et de tourbillons, qui me plongeait dans une intériorité intemporelle. L'éros corporel et pulsionnel était étrangement remplacé par un éros plus subtil, intangible qui circulait davantage dans mon psychisme qu'au bout de mes sens en le nourrissant d'images féeriques, jusqu'à le transporter vers des élans mystiques. Moi qui étais de nature silencieuse et solitaire, je faisais tous les jours le chemin de l'école en compagnie de deux petites filles du même immeuble à qui je racontais des histoires extravagantes. Je sentais que le monde merveilleux qui m'habitait ne pouvait être compris et partagé que par ces deux demoiselles, qui étaient tout ouïe à mes délires d'enfants. Cette écoute produisait en moi une stimulation constante qui alimentait sans cesse l'aspiration de mon éros en effervescence. Il y avait une symbiose parfaite entre la réceptivité de ces deux fillettes et l'activité intérieure de mon imagination créatrice. Sans le savoir, j'étais déjà en train de courtiser la muse. Je dialoguais avec mon éros en toute innocence.

La fécondité de l'âme

C'est bien plus tard que je devais comprendre que mon éros avait été davantage mobilisé par mon féminin intérieur que par mon masculin extérieur. L'écoute est, sans conteste, une activité féminine invitant plus naturellement à la confidence et à l'activation libératrice de l'imagination créatrice.

Les artistes et les poètes vivent dans un monde intermédiaire, tangent à deux réalités complémentaires : la réalité du monde visible et celle de l'invisible. La voie spirituelle a pour but de réconcilier ces deux mondes au cœur de l'être, jusqu'à les rendre mutuellement interchangeables. Leurs réalités respectives se fondent alors en la Réalité de l'être, en laquelle elles acquièrent un sens unique. De par sa nature biologique et psychique, la femme vit dans un monde analogue, entre le manifesté et le non-manifesté, en lequel la perception et la compréhension des choses ont un caractère plus esthétique que moral, scientifique ou « jugemental ». J'utilise ici le mot « esthétique » dans son sens le plus vaste autant que le plus profond : le grec *aisthêtikos* exprime la faculté d'être pénétré, qui sent en profondeur l'unité harmonieuse des choses. Cette faculté est inhérente à la féminité. La femme sent avant de savoir, l'homme veut savoir avant de sentir ; la femme vit pour comprendre, l'homme doit comprendre pour se sentir vivre. Toute la problématique des philosophies masculines est là. Et pourtant, « philosophie » est un nom féminin.

Il est signifiant que le monde de la poésie et de l'art soit tellement imprégné de la présence féminine, même si les auteurs qui nous ont légué les plus grands chefs-d'œuvre appartenaient pour la plupart au genre masculin. N'était-ce pas surtout le féminin qui s'exprimait à travers eux ?

Ce sentiment n'a cessé d'alimenter ma quête spirituelle pendant plusieurs décennies. J'ai l'impression aujourd'hui d'avoir toujours avancé au radar, une espèce d'aimantation intérieure dont la subtilité et la pertinence évoluaient spontanément grâce à la libération lente de mon féminin intérieur dans l'exercice constant de l'art. Cette sensibilité féminine que ma dextérité masculine utilisait et canalisait avec bonheur.

L'art et la poésie sont la continuité de la nature dans l'être humain. Ensemble ils fécondent l'âme humaine. Et le féminin n'est pas que symboliquement relié à la nature. Le féminin est le détenteur des secrets de la nature et le reposoir de son essence. Donneuse et nourricière de la vie, la femme incarne la conscience de la nature faite humaine. Elle exerce ce sacerdoce depuis l'aube de l'histoire, lorsqu'elle conspira avec la nature en y semant les premières graines qui donnèrent naissance à l'agriculture, tandis que les hommes conspiraient à traquer le gibier dans les forêts, couvant les stratégies qui allaient les conduire à des guerres interminables et à la destruction organisée de la nature.

C'est donc au travers de l'art que mon féminin intérieur avait choisi d'émerger, et c'est par l'art encore qu'il m'accompagna tout le long de mon itinéraire spirituel. Alliage alchimique de masculin, de féminin et d'une troisième entité mystérieuse que l'on nomme tantôt « merveilleux », tantôt « adoration » ou « amour ».

L'Inde et l'omniprésence du féminin

Je voudrais insister en passant sur la *nature naturante* du féminin, car c'est à travers lui que l'Esprit, c'est-à-dire l'invisible, acquiert une substance que l'expérience rend reconnaissable. Dans ce sens, la nature du masculin apparaît en tant que nature – « naturée » par le transit biologique et psychique dans la matrice du féminin. Dès lors, c'est par une forme de passage rétroactif dans la conscience matricielle du féminin qu'il pourra accéder à une nature – naturante en adéquation avec la nature du monde dans lequel il vit. En quelque sorte une forme de régression psychique *in utero* destinée à s'inverser à un certain point, en progression vers la réunification en son être de ces deux aspects de la nature. Ce film à rebours qui conduit à une seconde naissance, spirituelle. Cela résume bien le chemin initiatique préconisé, par exemple, par la voie tantrique.

C'est encore au radar que j'ai été amené à la spiritualité de l'Inde au début des années soixante. En tant qu'artiste symboliste, j'étais à la recherche de l'image parfaite de mon *anima*, jusque dans sa représentation la plus précise. C'est une obsession caractéristique de tous les symbolistes, depuis William Blake jusqu'à André Breton.

L'Inde est inconcevable sans l'évidence de l'omniprésence du féminin. La religion millénaire de l'Inde est la seule dont les dieux vivent éternellement en couple, leurs épouses étant souvent les moyens d'accès incontournables à leur rencontre et leur adoration. Un peu comme le fut Sharada Devî, pour moi, au début de ma quête. Cette conception théologique affirme l'interdépendance des deux principes et prône leur indifférenciation au sein de l'être. D'autre part, à l'opposé de la conception occidentale, le féminin de la tradition indienne est actif, alors que le masculin est passif. Cependant, la notion d'activité doit ici être comprise dans un sens d'intériorité absolue. La Shakti agit en permanence sur l'univers intérieur de l'être incarné, au même titre qu'elle agit au travers de phénomènes de la nature, et non pas sur eux. Ce n'est que réactivement que cette action, tout intérieure, a des effets multiples sur le monde extérieur. Ces effets seront d'ailleurs tributaires du niveau de conscience de l'individu en qui agit la Shakti, du degré de connaissance et d'ignorance qu'il a de son action dans toutes les ramifications de son être. La Shakti est la nature naturante du dieu dont elle est l'épouse. Son rôle consiste à « naturer » le fidèle ou le disciple afin qu'ils puissent réaliser en leur être la nature conjointe du couple qu'ils forment. La boucle alors se ferme, et ils connaissent l'expérience de la non-dualité, se retrouvant enfin unifiés en leur être.

La nature de la Shakti est entourée de beaucoup de mystère, auquel s'ajoute le mystère ultime de l'époux, dont elle seule détient tous les secrets. Shiva et Vishnou vivent dans une orbe indéfinissable et inaccessible et c'est grâce à la présence, la persistance et l'activité clandestine de Parvati et de Shri que la nature de l'individu en quête de libération s'épanouit et s'ouvre à la réception de l'ultime.

Dehors comme dedans

Qu'est donc ce féminin mystérieux et incompréhensible que bon nombre de spiritualistes forcenés ont fui comme la peste, que les hédonistes jouissifs ont porté au pinacle de toutes les gratifications de la luxure, que les troubadours ont chanté comme la substanciation de l'Esprit-Saint, que les poètes ont vénéré dans leur nostalgie des origines et que les visionnaires védiques ont comparé à l'aube, à l'immensité, aux lueurs et saveurs célestes, et à la pureté, que ni les dieux ni les hommes ne connaissent dans son essence ? Qu'est donc ce féminin omniprésent et engloutissant que les yogis tantriques craignent et invoquent à la fois, jusqu'à désirer être entièrement aspirés par son mystère, qu'une tradition aussi gigantesque que celle de l'Inde a fait éclore dans les multiples arborescences du devenir ? Qu'est donc ce féminin qui ne demande qu'à s'épanouir en chacun de nous ? C'est un récipient vierge mais toujours accueillant. Chaque goutte qui y tombe fait résonner toutes ses parties, comme si chaque goutte était un océan. Comme si c'était le même et unique océan qui tombait dans chaque goutte. C'est la capacité et l'acceptation d'enfanter la lumière de l'Esprit dans la substance douloureuse du monde, et de la nourrir inlassablement et sans attente de retour, avec la quintessence de la vie. C'est ce qui donne à la transcendance son immanence. C'est *l'impérience* sensible de l'être.

Parler du féminin intérieur est un pléonasme puisque par définition biologique le féminin est *inté-*

riorité. Plonger corps et âme dans notre univers intérieur, n'est-ce pas être simultanément confronté à notre féminité ? N'est-ce pas la raison pour laquelle beaucoup d'hommes machistes se cramponnent toujours à la surface d'eux-mêmes, de peur de perdre leur identité masculine d'emprunt ?

Du maître intérieur à l'âme sœur

La vie spirituelle est un perpétuel devenir. Sa trajectoire sinueuse avance indéfiniment vers une spiritualisation de plus en plus intense et vivifiante des formes simples de notre vie quotidienne. Le maître spirituel, pour ceux qui en ont connu un dans la chair, doit se transformer en maître intérieur. Cette métamorphose se produit comme un lent « fondu enchaîné » au cours duquel l'apport spirituel du maître extérieur se dissout dans la substantifique moelle de la conscience, apportant la sève nourricière d'où émergera un corps de vérité qui envahira, peu à peu, l'être tout entier. Tel est le vrai travail de la quête. Le maître intérieur est cette présence infaillible qui témoigne de l'authenticité dont nous avons fait nôtre les enseignements du maître extérieur. Là encore nous pourrons observer à quel point une présence féminine agit souvent comme miroir du maître intérieur, le stimulant et le mettant à l'épreuve, exigeant sans cesse de lui qu'il émerge plus souvent à la surface de nous-mêmes, afin d'étendre ce corps de vérité au-delà des limites existentielles. Devenir un maître intérieur à fleur de peau.

La désacralisation institutionnelle de la vie que nous impose le monde moderne a fait oublier à l'homme qu'il existe des muses, et qu'elles sont bel et bien parmi nous. Si le maître spirituel est un modèle de sagesse, la muse est un modèle de la grâce à laquelle aspire l'âme. Sa fonction consiste à conduire l'âme vers le logos par le canal de l'éros. L'ascétisme pur et dur, souvent dépourvu de poésie et d'esthétique, refoule généralement ce processus cependant naturel, rejetant toute intervention de la muse en tant que catalyse à l'expérience de la béatitude. L'ascétisme peut ainsi devenir une névrose parmi tant d'autres. Une spiritualité qui conduirait à la réconciliation des contraires se doit d'envisager méthodiquement la conjugaison harmonieuse de l'ascétisme et de l'érotisme.

La prédominance salutaire du féminin dans mon destin spirituel m'aura sans doute préservé de me retrouver tel un reclus solitaire, vivant loin du monde, des hommes... et des femmes. À plusieurs reprises, la muse s'est faite chair dans ma vie, et aujourd'hui elle s'est faite « âme sœur ». Depuis quelques années, mon maître intérieur se mesure à la qualité de la présence de cet être aimé, prenant conscience que le baromètre de nos niveaux spirituels se trouve au centre de la spiritualité conjugale. Si nous sommes tous nés d'un couple, il m'apparaît que les exercices spirituels à la fois les plus exaltants et les plus périlleux se vivent au sein de la vie de couple, où tous les masques et les derniers subterfuges de l'ego tombent littéralement. Nous pouvons, pendant des années, apprendre un rôle par cœur sans comprendre le sens qui l'anime, notre vie dite « spirituelle » peut très bien n'être qu'un vulgaire plagiat d'un enseignement sublime. La constante présence de l'âme sœur est l'interlocuteur infaillible qui nous oblige de sortir du rôle pour entrer dans l'actualisation.

Inspiratrice et révélatrice, mon âme sœur met désormais en forme et en musique les murmures de mon maître intérieur, donnant à son éveil la plus belle raison de ne plus m'assoupir. Ce féminin, au départ insondable et mystérieux, est devenu une réalité au quotidien, dehors comme dedans. À travers elle toute ma spiritualité s'incarne et s'actualise, et tout ce que je croyais avoir intégré, elle parvient à me le faire redécouvrir et réaliser sous des angles nouveaux, plus proches de la simplicité du réel. L'exigence de son amour est le plus purificateur des filtres magiques. Mais, par l'amour qui nous lie, je sais qu'elle désire ardemment que je comprenne la profondeur de son âme, et que la mienne luise comme le jour dans le secret de sa nuit. Par sa liberté d'être femme et sa dignité d'être mère, elle me fait chaque jour reconnaître le monde comme une continuité indissociable de l'Esprit. Et par sa transparence et sa vérité, au travers de ce qu'elle est, j'aperçois, enfin, *ce qu'il y a derrière le monde.*

Faire dialoguer nos deux cerveaux

ENTRETIEN AVEC ANDRÉ VAN LYSEBETH

Certes la maîtrise de l'énergie émotionnelle et sexuelle est l'une des clés ultimes de la transformation personnelle. Mais le tantra ne se limite pas à la sexualité et le dialogue avec son féminin intérieur n'implique pas de s'efféminer ni de se déviriliser. Appel au bon sens !

Question : Comment vivez-vous le tantra dans votre couple ?

André Van Lysebeth : Je dirais que ma vie dite « ordinaire » est imprégnée de la vision tantrique, grâce à laquelle je perçois le caractère divin de la nature. En clair, j'essaie de percevoir la nature en tant que manifestation de la puissance créatrice de la Shakti cosmique, tant dans les aspects les plus humbles de la vie corporelle que dans la spiritualité la plus pure. Ce qui fait que j'évite de cloisonner artificiellement ma vie, de considérer qu'il y a, d'une part, une vie dite « de couple » et, d'autre part, une vie « non de couple » – une vie ordinaire, en quelque sorte. Je fais en sorte, dans la mesure de mes possibilités et de mon éducation occidentale, de pénétrer la façon dont la femme perçoit le monde, les êtres vivants et les objets, afin d'avoir accès et de participer à son expérience de la vie en général.

Ainsi, la femme, donc aussi ma femme, par exemple, ne voit pas le jardin comme je le vois en tant qu'homme. Pour moi, le jardin est surtout un décor agréable destiné à mettre la maison en valeur, c'est un endroit plaisant où il fait bon se promener et, l'été, s'asseoir à l'ombre des arbres et lire... Pour ma femme, le jardin est peuplé de plantes qui sont autant d'entités vivantes, au sens fort du terme, dont elle se sent responsable, avec lesquelles elle entre en relation et envers lesquelles elle a une attitude et un comportement maternels. Elle se préoccupe et sait si telle fleur se plaît à tel endroit, si elle a soif ou non, si elle a besoin d'engrais ou non, alors que j'aurais tendance à admirer simplement la beauté de la fleur, l'harmonie du massif.

En plus, il y a évidemment la pratique du yoga qui nous est commune, même celle du yoga prétendu non tantrique, bien qu'on ne puisse séparer aucun des aspects du yoga du grand tronc tantrique dont ils sont issus. Quand je pratique mes *âsanas*, j'écoute la voix de l'intelligence supérieure du corps et, par la méditation, je tente d'appréhender la personnalité et la vision du monde de la femme en général, et de celle qui partage ma vie en particulier.

Dans votre dernier ouvrage, vous écrivez : « Développer les aspects féminins chez l'homme n'implique pas de se déviriliser... » Pourquoi avez-vous ressenti le besoin de mettre en garde les lecteurs sur ce point ?

En effet, j'ai redouté qu'une confusion regrettable naisse en Occident entre féminiser et efféminer, ce qui, vous le reconnaîtrez, est fondamentalement différent. S'imprégner de la vision tantrique n'implique nullement de s'efféminer, je dirais même au contraire. Un couple sera d'autant plus tantrique que l'homme sera plus masculin, au sens complet du terme, et que la femme assumera et épanouira sa féminité dans le couple où elle joue le rôle essentiel, central. L'une des idées de base du tantra, c'est la notion de polarité. Et cela à tous les niveaux. L'ampoule électrique n'éclaire que parce qu'il y a du courant plus et moins. S'il n'y avait que du positif ou du négatif, rien ne se passerait. Dès le big-bang (citons-le tant qu'il est à la mode en attendant autre chose), dès l'origine de la manifestation, celle-ci ne fut possible que par la bipolarité cosmique universelle, symbolisée dans le tantra par le couple Shiva-Shakti, par Purusha et Prakriti dans le Samkhya.

Comment avez-vous dialogué avec votre féminin intérieur tout au long de votre vie ? À quand remonte vos premiers dialogues ? Que voulait vous dire votre féminin ? L'écoutiez-vous ?

Pour définir en bref ce que peut signifier l'expression « dialoguer avec ses aspects féminins », il faut recourir à la division moderne des activités psychiques relevant respectivement du cerveau gauche et du cerveau droit. Le cerveau gauche, c'est celui de l'intellect, de l'ego, c'est le cerveau qui analyse, qui est logique, qui crée et croit en la science, en la raison, invente les mathématiques et les développe ; c'est le cerveau de la technologie. Son domaine est le mental conscient de veille. Le cerveau droit, par contre, est celui dominé par l'inconscient (au sens jungien du terme), l'imagination créatrice, la synthèse, l'émotion, les symboles, l'intuition. C'est le cerveau féminin.

Notre civilisation moderne privilégie outrageusement les fonctions du cerveau gauche au détriment du droit. Ma démarche personnelle consiste à faire en sorte de développer en moi l'intuition, la poésie, la synthèse, le dialogue avec mon inconscient et toutes ses richesses et à me laisser guider plus par l'intuition que par la logique pure, afin d'en arriver à laisser les deux moitiés du cerveau dialoguer.

Cela n'implique donc pas de renoncer à l'intellect, à l'analyse, mais à développer les aspects du cerveau droit afin d'équilibrer les deux. Le cerveau gauche est plutôt du type masculin, solaire, symbolisé par Shiva, tandis que le droit est de type féminin lunaire, symbolisé par la Shakti.

Riche de votre expérience du tantra, si vous deviez raconter « le goût », « le paysage », ou « la trace » que laisse en vous le mariage de votre féminin et de votre masculin intérieurs, que diriez-vous ?

Vouloir décrire le « goût » du mariage des aspects masculins et féminins de son propre être ou vouloir décrire le goût des fraises, c'est à peu près pareil. C'est éprouver le sentiment d'enfin découvrir la vraie vie, de moins se sentir limité, c'est participer à la plus grande vie, laquelle est une et indivisible. C'est percevoir toute la richesse de l'univers féminin, la source intarissable de toute vie. La femme n'est pas seulement la source de toute vie, elle est la vie elle-même. Ma mère m'a transmis la vie, qu'elle a reçue de sa mère, laquelle lui a été transmise par sa mère et ainsi de suite. Ainsi, je prends conscience de la succession ininterrompue de mères et je réalise que la vie qui m'habite ici et maintenant est aussi vieille – quoique toujours aussi neuve et jeune – que la vie depuis sa naissance sur la planète. Et même, je perçois l'unité de toute vie pouvant exister dans le vaste univers, que ce soit sur quelque lointaine planète satellite d'une lointaine étoile dans une lointaine galaxie. Je perds le sentiment d'être un système clos pour me sentir ouvert et perméable à toutes les formes d'être existant dans notre cosmos, et ce depuis toute éternité. Je prends conscience d'être une partie du processus qui s'appelle la vie, dont je suis une manifestation temporaire, et que ce processus n'a eu aucun vrai commencement et n'aura pas de fin, même lors de la dissolution finale de notre univers. Ce vécu permet de transcender les aspects parfois dérisoires ou au contraire tragiques de toute existence, y compris la sienne propre. Cela va plus loin que le cogito de Descartes. Cela fait se dissoudre toutes les frontières illusoires entre mon moi et le non-moi, et ceci est une expérience libératrice.

Depuis que le tantrisme a gagné l'Occident, nous observons différentes approches de sa pratique. L'une des plus répandues semble graviter autour de l'utilisation débridée de l'énergie sexuelle, identifiée – justement ou injustement – à l'énergie spirituelle. D'après vous, cela correspond-il aux enseignements traditionnels du tantrisme en rapport avec la transformation de l'énergie spirituelle en moyen d'action dans le monde ?

En effet, ce que l'Occident retient surtout du tantrisme, ce sont ces aspects relatifs au sexe, et c'est bien dommage. Certes, la sexualité fait partie intégrante de la vie et n'est pas opposée au spirituel, au contraire même ; mais confondre promiscuité de bas niveau et spiritualité est une erreur monumentale. C'est d'ailleurs pourquoi les deux premiers tiers de mon livre sont consacrés à l'exposé des aspects non sexuels du tantra, à sa pensée profonde ; seul le dernier tiers comporte des techniques sexuelles tantriques concrètes qui permettent en effet de prolonger l'expérience sexuelle et qui sont légitimes, mais n'ont de valeur qu'en fonction de ladite « pensée profonde ». Ne voir dans le tantra que ces aspects sexuels est une déviation qui dénature complètement son message profond.

La quête du Graal

RENCONTRE AVEC JEAN MARKALE

La quête du Graal, la coupe mystique, ne peut se faire sans l'aide de la lumière du féminin : les chevaliers n'étaient point dupes, eux qui faisaient allégeance à leurs dames. L'auteur de La Femme celte, *spécialiste incontestable des civilisations celtiques, nous dit comment se vivent en lui les mythes de notre Extrême-Occident.*

Question : Comment avez-vous vécu l'émergence de votre féminin intérieur ?

Jean Markale : C'est difficile à exprimer. Je n'ai pas vraiment pris conscience de ce féminin intérieur, j'en ai plutôt vécu l'émergence d'une façon sensible. J'ai reçu une éducation qu'on peut qualifier de « machiste », comme tous les garçons de ma génération, et je ne pouvais pas refuser ce féminin. À force d'entendre : « Sois un homme, mon fils », on accepte difficilement les composantes féminines qu'on décèle en soi. C'est vers dix-huit, vingt ans que je me suis aperçu, à travers les poèmes que j'écrivais et les articles que je commençais à publier, que j'affirmais une virilité fortement agressive, et cela m'a choqué. J'ai alors tourné mes regards vers la poésie féminine pour y trouver un contrepoids. J'ai compris que mon regard sur le monde était trop intellectuel, trop scientifique, et qu'il me manquait une connaissance sensible des êtres et des choses : ce fut pour moi une révolution intérieure de me pencher sur une fleur pour n'en savourer que la beauté et le parfum, de m'adosser à un arbre pour en sentir la force, de m'asseoir sur des rochers au bord de la mer pour simplement me perdre dans la contemplation des flots, m'engloutir en eux. J'ai compris à ce moment-là qu'il y avait une part féminine en moi et que si je voulais m'enrichir, il fallait que je développe cet aspect.

Plus tard, pendant mes études, j'ai été très frappé par la quantité de mots que nous utilisons au masculin alors que ces mêmes mots sont au féminin dans d'autres langues. Par exemple dans les langues celtiques et germaniques, le soleil est au féminin et la lune au masculin. Puis je me suis mis à réfléchir au sens des mythes. Je prétends que nous réactualisons les mythes dans nos vies. Je me suis aperçu que les mythes fondamentaux révélaient une situation antérieure où la femme n'était pas rejetée dans l'ombre, où elle était admise dans sa véritable personnalité. Personnalité qui n'est pas parvenue à maturité dans la réalité parce qu'on l'a brimée. On a brimé cette personnalité non seulement chez la femme mais également chez l'homme.

On vous connaît aujourd'hui grâce à vos nombreux

ouvrages sur les mythes tels que Tristan et Iseut, Lancelot et Guenièvre, les récits de l'amour courtois, etc. Quel est le lien subtil entre Jean Markale et Tristan ou Lancelot ? Y a-t-il un lien entre certaines images féminines mythiques et votre nature féminine ?

Oui, c'est vrai, j'ai exprimé ma féminité en faisant revivre des personnages mythiques. Je ne suis pas déiste, me contentant de croire à l'existence d'une entité divine inconnaissable. Je serais plutôt « théiste », c'est-à-dire que j'ai besoin d'une représentation concrète de cette divinité. Or cette divinité, présente en moi, ne peut être que féminine : c'est l'image de la grande mère universelle, celle que je nomme volontiers la « Déesse des commencements ». Elle doit donc revêtir diverses formes, selon les cas. En l'occurrence, puisque je me suis très tôt intéressé aux romans dits de « la Table ronde », je ne pouvais manquer d'être fasciné par le personnage de la fée Morgane. Elle est devenue au cours des ans mon héroïne favorite, une sorte d'objet de méditation et de concentration capable de cristalliser mes fantasmes, d'être le réceptacle de toutes mes projections. Selon le récit du XIIIe siècle, Morgane était « la plus chaude et la plus luxurieuse de toutes les femmes de la Bretagne ». Ce qui n'est pas fait pour me déplaire. Morgane est en effet l'incarnation mythologique fondamentale de la femme libre et sensuelle, intelligente, pourvue de toutes les connaissances exotériques ou ésotériques, magicienne, prophétesse, multiforme, etc. Elle est la beauté et la féminité dans toute sa plénitude.

Racontez-nous cette histoire d'amour entre Morgane et votre féminin...

C'est une longue histoire d'amour répartie sur toute ma vie, dont les étapes ont été marquées par les femmes que j'ai rencontrées, que j'ai aimées ou que j'ai cru aimer. Quand j'étais jeune, ce n'était pas Morgane qui me hantait, mais Iseut, la femme inaccessible, l'épouse du roi Mark de Cornouailles. Je me sentais donc Tristan. Curieusement, j'ai pratiqué sans le savoir une ascèse analogue à celle du tantrisme oriental (avec, en plus, le jeu de mots entre Tristan et tantrisme !). Je ne connais rien aux doctrines hindouistes ou bouddhistes, je ne cherche pas à les connaître, car j'ai assez à faire avec l'Extrême-Occident. Ce n'est pas du mépris ou du rejet, c'est de la constatation qu'il est inutile de chercher ailleurs ce qui existe chez soi. Cela dit, je dois avouer que j'ai été tantrique sans le savoir. Je me suis aperçu que je n'étais rien sans Iseut, qu'Iseut était la « Femme-Soleil » dont les rayons donnaient force et puissance à l'Homme-Lune qu'est Tristan. Tout cela est contraire à l'opinion courante qui veut que la femme ne soit rien si elle n'est pas sous la dépendance d'un « mec », celui-ci lui donnant son nom, son état civil, bref, sa personnalité.

Or mon expérience personnelle m'a prouvé le contraire : je n'existais pas tant que je n'étais pas reconnu par une femme. Il faut dire que, abandonné par ma mère, j'ai été élevé par ma grand-mère. Cet abandon a constitué pour moi une blessure : je n'ai pas été reconnu en tant que personne par ma mère et je n'ai eu de cesse de trouver « une mère » pour me faire reconnaître par elle. Je ne saurais étendre aux autres cette expérience purement personnelle, mais cela fait réfléchir. Il fallait que je compense ce manque de présence féminine jeune et désirable (tout garçon doit être amoureux de sa mère) par une projection fantasmatique de cette féminité. Et à travers Iseut l'inaccessible, j'en suis arrivé à Lancelot le beau et viril chevalier qui ne peut rien sans l'amour de Guenièvre – inaccessible elle aussi puisque épouse du roi Arthur.

Mais Lancelot, comme Tristan, m'a paru bientôt fade, voire stupide, et incapable de retrouver en lui-même la totalité. Tous deux se contentaient d'être des « mecs ». Il fallait que je devienne « duel », à la fois homme et femme, pour sentir enfin ma personnalité s'épanouir. Voilà pourquoi j'en suis arrivé à m'assimiler à Merlin, le fils d'un diable et d'une sainte femme, l'être double par excellence, et qui est, dans tous les récits, non seulement l'initiateur de la future fée Viviane, mais aussi la conscience de Morgane. La légende raconte que Merlin est tombé amoureux de Viviane et que celle-ci a enfermé l'enchanteur dans une tour d'air invisible. C'est une belle histoire, d'ailleurs, qui prouve l'importance de la femme vis-à-vis de l'homme. Mais les rapports entre Merlin et Morgane sont encore plus ambigus et riches d'enseignements. Morgane est la femme totale. Et, en concentrant tous mes regards sur Morgane, la maîtresse suprême de l'île d'Avalon, celle qui peut changer son aspect en oiseau noir, j'en viens à avouer que j'adore les femmes.

Que voulez-vous dire quand vous affirmez : « J'adore les femmes » ?

Chaque femme représente un aspect de la féminité. Cela est dû à l'histoire des mentalités qui fait que la femme a été démultipliée en ses diverses fonctions par les hommes afin que ceux-ci puissent la dominer et en nier la plénitude. C'est cette plénitude que j'ai voulu retrouver en pénétrant de plus en plus intimement dans la signification du mythe. Je ne suis pas simplement attiré par la beauté extérieure des femmes, mais par tout ce qu'elles recèlent de mystérieux et de sacré en elles. Elles sont les héritières de la Déesse des commencements, occultée par des siècles de refoulements. Voilà pourquoi je me suis également penché sur un autre personnage mythologique, celui de la princesse Dahud, dont le nom signifie « bonne sorcière », héroïne de la célèbre légende bretonne de la ville d'Is. La ville d'Is est une cité construite en dessous du niveau de la mer, et protégée de cette mer par une digue très puissante dans laquelle se trouvent des écluses dont les clés sont en possession du roi Gradlon, le père de Dahud. La princesse Dahud et les habitants d'Is ne veulent pas « se convertir », c'est-à-dire renoncer à leur société gynécocratique ; ils sont maudits et voués au Diable. Celui-ci séduit Dahud, dérobe les clés de Gradlon, ouvre les écluses et les flots engloutissent la cité maudite de la princesse. Mais celle-ci survit, nageant entre deux eaux sous la forme d'une sirène, et un dicton breton déclare que « lorsque la ville d'Is resurgira, Paris sera englouti », tout simplement parce que Paris représente la société patriarcale qui a refoulé dans l'inconscient la société gynécocratique, féministe, représentée par Dahud et la ville d'Is.

Dans la lutte qui oppose hommes et femmes, il ne doit pourtant y avoir ni vainqueur ni vaincu, mais une prise de conscience. Tout homme doit faire resurgir la part féminine qui est en lui. C'est l'enseignement que je tire de cette légende, enseignement très profond qui n'a rien à voir avec l'interprétation moralisante qu'on en donne d'habitude. Ainsi, la polarité, inversée autrefois, retrouvera sa nature profonde. En langue bretonne, la mer se dit *armor*, au masculin. La mer, c'est la masculinité qui engloutit la ville d'Is. De plus, dans toutes les langues celtiques (et germaniques), le soleil est du genre féminin. D'où mon culte de la Femme-Soleil, l'interprétation que j'en donne à travers mythes et légendes, et mon acharnement à faire resurgir la composante féminine dans l'aventure humaine dont les mythes sont les schémas directeurs.

Vous dites : « À un moment de ma vie, j'étais davantage relié à Tristan et je voulais aimer Iseut. Tristan n'est pas un séducteur. Tristan est l'essence du romantisme, de l'acte de tomber en amour. Il n'est pas du tout machiste. Il n'est plus dans l'ambiguïté : entre l'épée et la harpe, il a choisi la harpe. Il a choisi d'être le poète amoureux... » Qu'est-ce que cela veut dire dans la réalité de votre vie ?

Quand on est jeune, on possède un fond de romantisme exacerbé, mais on ne sait pas ce que cela signifie. Quand j'ai compris que Tristan n'était qu'un imbécile, il ne m'a plus intéressé. En effet, ce grand benêt n'est même pas viril. Il est sauvé une première fois par Iseut qui, visiblement, est amoureuse de lui. Il ne répond pas à ses avances. Il est sauvé une deuxième fois par Iseut, de plus en plus amoureuse, et il ne s'en aperçoit même pas. Mieux, il la donne à son oncle Mark, comme si elle était quantité négligeable. Tristan est, sinon impuissant, du moins complètement « puceau » au sens le plus péjoratif du terme. Il ne découvrira sa virilité qu'après l'épisode du philtre (sciemment versé dans le breuvage partagé par Tristant et Iseut). Mais le prototype irlandais de la légende, l'histoire de Diarmaid et Grainné, nous fait comprendre que c'est par une incantation magique que l'héroïne se fait aimer obligatoirement par le héros. Et l'héroïne se nomme Grainné, nom dérivé du terme gaélique « *grian* », qui signifie « soleil ». Le mythe est révélateur, l'homme ne peut être réveillé que par la femme.

De quelle nature était votre relation avec les mythes ? Ressentiez-vous un vide dans votre existence et vous vous êtes dit : « Tiens, en me plongeant dans les mythes je vais pouvoir combler ce vide... », ou votre vie intime et relationnelle était-elle déjà empreinte de cette sensibilité que l'on trouve dans les mythes et cela est alors devenu une reconnaissance, un effet miroir ?

Les mythes m'ont permis de formuler ce que je ressentais en moi et que je ne pouvais pas exprimer rationnellement, par un discours logique. Ils m'ont permis de transmettre un discours poétique en utilisant des personnages qui étaient extérieurs à moi en apparence, mais qui sont au fond de moi-même. C'était une extériorisation de ma nature véritable. C'est très étrange. C'est une expérience individuelle qui est presque plus importante que l'ouvrage finalisé. Je ne crois pas que ce soit les mythes qui ont déclenché cette prise de conscience de la féminité, mais ils m'ont permis de vivre ce qui était encore enfoui dans mon inconscient.

Comment rendre de plus en plus conscient et faire croître, sur le plan collectif, les valeurs féminines ? Au-delà de votre expérience personnelle avec les mythes, pensez-vous qu'ils peuvent être un moyen de véhiculer dans les consciences des germes de « féminin » ?

Oui, il faut faire revivre les mythes. Réincarner les mythes. C'est pour cela que j'ai réécrit *Le Cycle du Graal* avec un style actuel. Et je m'aperçois que cela a un grand impact sur les jeunes. Au premier degré, ils vont se passionner pour l'histoire mais, progressivement, en s'identifiant aux personnages ils vont retrouver un peu de cette sensibilité que j'y ai mise. J'ai cette volonté affichée de transmettre, non pas des éléments rationnels, mais des éléments sensibles de façon que les lecteurs puissent être émus par une situation déterminée.

J'ai reçu beaucoup de témoignages de lecteurs. Il y en a certains qui vont, comme moi, réveiller leur sensibilité féminine et l'approfondir ; pour d'autres, cet univers était totalement étranger et ils vont peut-être le découvrir. Par nature, les jeunes (ceci est valable à toutes les époques) ont une grande facilité à vivre les mythes, à les incarner à travers des héros. Insister sur la signification de ces mythes, sur l'importance des héros, c'est ouvrir une voie vers une réfection qui risque d'être essentielle pour l'évolution de notre société. Notre société, qu'on le veuille ou non, est bâtie sur des mythes, mais aucun des participants n'en a conscience. Cette oscillation est le résultat de siècles d'obscurantisme, c'est-à-dire de refoulement des anciennes valeurs combattues par les zélateurs de la religion du mâle. Souvenons-nous des luttes perpétuelles décrites dans la Bible hébraïque à propos du culte masculin de Yahvé et des cultes féminins de la Déesse-Mère, cultes catalogués comme « prostitution ». Notre société judéo-chrétienne, même laïque, vit sur les mêmes choix. Il est temps de tourner la page et de faire en sorte que les anciens mythes crèvent la surface des eaux.

Quels sont les aspects du féminin auxquels vous aspirez encore ? Ressentez-vous un manque ?

J'ai dit que j'avais pratiqué l'ascèse tantrique sans le savoir, mais cette ascèse est longue : le résultat n'est jamais immédiat. Il s'agit d'une série d'étapes à franchir et que je symbolise volontiers par la quête du Graal. Ce mystérieux Graal, d'où émane une lumière étonnante, est porté, selon la description de Chrétien de Troyes, par une jeune fille de toute beauté. Le Graal est donc le féminin – intérieur autant qu'extérieur – et la quête du Graal est cette ascèse permanente. Il faut réveiller l'énergie féminine en soi : dans mon expérience individuelle, intellectuelle, psychologique et sensuelle, c'est un parcours patient vers une totalité que je n'atteindrai probablement jamais. Il y aura toujours un manque. Pourtant, j'en suis arrivé à un point où l'union avec le féminin dépasse le cadre individuel et débouche sur la conscience universelle. On commence par être soi en face de l'autre, puis soi contre l'autre, dans l'étreinte. Si on continue l'expérience, on s'insinue dans l'autre, et l'autre est soi, ce qui réalise l'union mystique avec l'énergie cosmique ou divine qui anime toute vie. Le but recherché est là. Mais je suis comme un chevalier qui a aperçu la lumière émanant du Graal, une forme féminine vers laquelle convergent tous mes regards. Oserais-je enfin me noyer dans cette lumière ?

Car cette lumière est un gouffre dévorant devant lequel on ne peut qu'être saisi de vertige : c'est le royaume de la *Pistis Sophia* des gnostiques, l'univers enfin réconcilié avec lui-même, l'amour universel des êtres et des choses. Quoi de plus attirant et de plus effrayant ?

Le féminin dans la Roue de médecine

MAUD SÉJOURNANT

Voici une profonde réflexion sur les techniques psychologiques des Indiens d'Amérique du Nord leur permettant de restaurer l'équilibre de l'être, si souvent compromis par les pollutions physiques et psychiques. Pourquoi, en effet, ne pas écouter les voix des anciens primitifs, qui savent bâtir une science de l'être à la mesure de leurs vastes horizons?

Le jour où mon mentor indien m'enseigna la première loi cosmique : « Tout vient du féminin », il dut penser sans doute que j'avais un problème d'écoute car je lui fis répéter sa phrase plusieurs fois. Pour la Française que j'étais, de tradition catholique, ayant appris que Dieu le Père avait retiré une des côtes d'Adam pour créer la femme, cette affirmation de la création au féminin secouait radicalement mon univers !

La Roue de médecine amérindienne

Je commençai alors mon apprentissage de la « Roue de médecine », cosmologie amérindienne basée sur le cercle. Cette Roue présente les enseignements ancestraux amérindiens des quatre directions cardinales (nord, sud, est, ouest) et de l'axe vertical qui comprend la Terre-Mère sous nos pieds et le Père-Soleil au-dessus de notre tête. Cette Roue de médecine est en fait une addition de plusieurs roues qui se superposent, un peu comme ce jouet d'enfant où plusieurs disques de couleurs s'empilent les uns sur les autres. Parmi elles, la Roue des boucliers nous fait découvrir notre petite fille et notre petit garçon intérieurs, nous apprend comment s'organisent nos polarités masculine et féminine d'adulte, et nous montre comment nous pouvons les exprimer dans notre vie quotidienne. Ce modèle indien m'a fait découvrir le pouvoir du féminin que savent vivre les femmes indiennes.

En effet, le respect du féminin est tout à fait vivace dans la culture des Indiens Pueblos du sud-ouest des États-Unis, une des rares tribus qui n'ait pas été déplacée au cours des invasions des colons européens parce qu'elle était sédentaire et vivait dans des maisons de torchis. Ainsi, avant de prendre une décision majeure, le conseil du village, qui est constitué par des hommes, va soumettre sa résolution à la *soyah*, une femme d'âge avancé également appelée « femme de sagesse ». Celle-ci soupèse la décision en fonction du second principe qui anime la vie indienne : « Tu ne feras rien qui puisse faire du mal aux enfants jusqu'à la septième génération. » Son avis sera scrupuleusement suivi et le conseil n'adoptera une décision qu'après son accord final.

C'est ainsi qu'un groupe de femmes d'un village indien des alentours de Santa Fé s'opposa à la sponsorisation de leur fête annuelle que leur offrait une marque de bière. Elles préférèrent se contenter d'un budget réduit pour cette fête plutôt que d'introduire de l'alcool librement sur leur réserve et des problèmes éventuels pour leurs enfants.

La Maison des lunes

L'apprentissage que je reçus dans la « Maison des lunes » auprès de femmes de différentes origines – pueblo, sioux, cherokee, séminole, toltèque, ayni – me fit retrouver des traditions qui existaient aussi dans l'Europe des Celtes, je le réalisai par la suite, mais que nous avons perdues au fil des siècles.

À chaque nouvelle lune, et en certaines occasions à la pleine lune, notre Maison des lunes se réunit pour honorer la vie et célébrer la saison que nous traversons en remerciant les forces particulières qui se manifestent à chaque époque. Au-delà du temps linéaire, technologique et abstrait, je redécouvris le rythme cyclique de la nature qui se manifeste dans les saisons, dans les différents moments de la journée, dans les phases lunaires et solaires.

Dans mon apprentissage du pouvoir des quatre

directions, j'appris à entrer en contact avec l'énergie de l'ours qui siège dans la direction de l'ouest, car il nous enseigne sur le féminin. L'ours, en effet, se retire dans son antre au cœur de la Terre-Mère lorsqu'il se prépare à hiberner ; il nous apprend que c'est en entrant au plus profond de soi-même que l'on peut trouver sa voix intérieure. C'est là où l'on apprend à écouter la voix de la terre, à avoir confiance dans son intuition, et où l'on réalise qui l'on est en tant qu'homme ou en tant que femme. Il est fondamental, nous dit le pouvoir de l'ouest, de passer par le stade de la découverte de soi et de ne pas sauter à pieds joints dans le rôle souvent rigide et conventionnel que définit pour nous la société dès la sortie de l'enfance.

Je réalisai alors que la plupart d'entre nous essayent d'entrer dans leur rôle préétabli de femme ou d'homme, sans avoir eu aucune instruction sur ce qu'ils sont vraiment : nous n'avons pas eu de rite de passage tels qu'ils se pratiquent encore dans les sociétés traditionnelles, rites qui visent à nous faire passer dans la conscience de l'adulte en devenir ; non seulement nous restons des enfants, mais nous sommes profondément influencés par un modèle social à dominance patriarcale. Il me fallut des années pour intégrer vraiment cette conscience cyclique et avoir une relation personnelle avec les cycles de la Terre, les cycles lunaires, les cycles de création, par l'aspect concret que représente par exemple la gestation et la mise au monde d'un enfant. Car le féminin ne s'apprend pas dans les livres ni à travers des rôles, mais bel et bien à travers le vécu du corps et l'ouverture du cœur.

Une initiation à la française

Les femmes ont la chance de vivre dans leur corps ce rythme naturel en harmonie avec celui de la lune. D'ailleurs, dans le langage indien, on ne dit pas « avoir ses règles », mais « être dans ses lunes », ce qui inscrit bien le saignement menstruel dans un cadre naturel et cosmique. Il est dit aussi que c'est au moment de leurs lunes que les femmes ont le plus de puissance, parce qu'elles sont alors en contact physique profond avec leur nature féminine. Les rêves qu'elles peuvent avoir à cette période sont particulièrement étudiés et écoutés. Les inconvénients ou malaises physiques sont vécus comme des « changements d'état » qu'on n'a pas besoin de vivre nécessairement dans la douleur, mais bien au contraire comme la manifestation du pouvoir créateur féminin. Bien souvent, dans notre société, si la jeune fille n'a pas reçu d'initiation pour l'introduire à son nouvel état de femme, elle percevra cet événement cyclique et potentiellement créateur comme un inconvénient, presque une punition.

Or cette initiation peut fort bien avoir lieu, de manière très simple, dans le contexte de notre culture. Ainsi, Nathalie me raconta que le jour de ses premières lunes survint un dimanche où sa famille allait rendre visite aux grands-parents. La mère de Nathalie, qui venait d'être informée par sa fille, ouvrit une bouteille de champagne « en l'honneur de Nathalie » sans que d'autres précisions soient données. Cela suffit pour introduire la jeune fille dans le monde des adultes et cette célébration familiale lui donna une image positive de son nouvel état.

La femme de sagesse

D'autre part, lorsque ce rythme s'interrompt, lors de la ménopause, la femme indienne n'est pas considérée comme inutile ou sur la pente descendante de la vieillesse ; au contraire, elle gagne un nouveau statut honorable, elle rentre dans une nouvelle fertilité : celle de femme de sagesse. C'est l'âge auquel elle va pouvoir devenir, si telle est sa vocation, *medicine-woman*, car elle n'a plus à s'occuper d'enfants. Elle peut puiser sa sagesse dans la longue expérience de femme inscrite dans son corps. C'est là que réside l'essence de sa sagesse féminine. Elle représente un pouvoir concret car elle est le porte-voix de la Terre-Mère et de ses enfants. Elle est aussi la voix de la sagesse de l'esprit. C'est elle qui aura donc le dernier mot dans les décisions qui engageront l'avenir du clan.

Après être passée dans le cercle de l'enfance dans le sud, puis dans celui de la femme dans l'ouest, la femme entame son chemin sur son « troisième cercle » dans le nord de la Roue de vie où elle peut alors diffuser la connaissance intégrée en elle, à travers ses multiples expériences mémorisées dans son corps, son cœur et son esprit.

Les hommes aussi ont besoin de féminin

Le féminin s'apprend à travers la conscience du corps. C'est pour cela que la plupart des rites initiatiques des jeunes garçons comportent des scarifications ou des épreuves physiques variées : c'est pour leur faire ressentir davantage leur corps et les mettre en relation avec leur voix intérieure. En effet, les hommes aussi doivent être initiés à leur nature féminine ; dans certaines tribus, le jeune garçon qui commence son initiation d'homme est invité dans la Maison des lunes où les femmes tiennent leur réunion. Elles l'initient au respect du féminin, afin qu'il se manifeste en lui et dans tout aspect de sa vie.

Il est fondamental que les hommes réalisent cette partie féminine en eux. Si la génération actuelle est familiarisée davantage avec l'idée d'un équilibre interne entre les valeurs féminines et masculines, certaines personnes plus âgées sont choquées à l'idée d'avoir du féminin en eux. Je me souviens d'un homme d'une soixantaine d'années qui me raconta le rêve qu'il faisait régulièrement : des hommes de loi venaient lui demander des comptes à propos du cadavre d'une femme qu'il avait enterré dans le jardin de sa mère. Je lui expliquai alors que nous avons tous à l'intérieur de nous une partie masculine et une partie féminine et qu'il serait intéressant pour lui de considérer cette perspective. Il me regarda d'un air choqué et réprobateur en me disant : « Qu'est-ce que c'est que ces foutaises ? » et passa vite à un autre sujet.

En fait, il exprimait bien le déséquilibre que nous

vivons à l'heure actuelle et dont veulent nous avertir les Indiens Hopis : nous ne reconnaissons ni n'honorons plus assez le féminin en nous et dans la nature. Les problèmes d'environnement que nous avons à l'heure actuelle, disent-ils, manifestent cette crise.

Le paradoxe du pouvoir féminin

Il appartient donc aux femmes de réintroduire l'énergie proprement féminine dans notre société, dans notre contexte familial, professionnel, social, politique. Mais le problème est que les femmes elles-mêmes ont souvent perdu le contact avec leur nature féminine profonde. Elles ne savent plus se sentir Terre, elles ont donné trop de poids à l'intellect, valorisé davantage dans notre société, et elles ne savent plus faire confiance à leur intuition tout en cherchant la manière de faire de la place pour leur sentiment naturel de tendresse, de compassion.

Cela peut donner alors deux stratégies opposées et extrêmes : d'un côté, on trouve Catherine, directrice d'agence bancaire qui est arrivée à son poste en travaillant « comme les hommes », dit-elle ; elle cherche à confirmer son statut de directrice en rendant le chemin difficile aux autres femmes, et même en barrant la promotion d'une subalterne. Elle a oublié le sens de la solidarité. À l'autre extrémité, Bernadette se laisse manipuler, marcher sur les pieds, et se considère comme une victime. Sa croyance dans l'impuissance du sexe « faible » ne l'aide pas à changer sa situation. Elle s'identifie à son enfant blessé et ne sait pas trouver son pouvoir personnel. Ni l'une ni l'autre ne sont en contact avec leur femme intérieure : la première a copié le modèle masculin et veut prouver sa supériorité en restant la seule femme dans un poste hiérarchique important et la seconde ne voit pas encore la force que peut représenter le respect de la dimension féminine à l'intérieur d'elle-même.

Le paradoxe qu'il m'a été donné de vivre avec la Roue des boucliers est celui-ci : c'est en allant au fond de leur vraie nature féminine et en la respectant totalement que les femmes peuvent véritablement rentrer dans leur puissance de femme. C'est en comprenant leur relation profonde avec la nature et la Terre qu'elles trouveront l'énergie, la vraie attitude pour affirmer cette force. Ainsi, Rigoberta Menchu, modeste Indienne d'Amérique du Sud, y trouva le courage de devenir le porte-parole de millions d'opprimés. Elle en fut honorée par le prix Nobel. Elle prit le chemin du « guerrier de paix », en désirant restaurer la paix et l'harmonie et en osant affirmer et défendre les lois cosmiques des Indiens : respect du féminin, de la nature et des générations à venir.

Les femmes sœurs

L'énergie féminine n'est pas intéressée par la domination et la rivalité, mais se trouve naturellement à l'aise dans la participation communautaire et l'esprit de corps, d'équipe, on peut même dire de fraternité (je trouve au demeurant intéressant qu'on ne trouve pas en français de mot qui veuille dire « sororité »).

Je fais des groupes en France sur ce thème de la puissance personnelle féminine suivant la tradition des Maisons des lunes. Au début, j'ai rencontré un mouvement de flottement et même parfois de refus (« Comment ! Nous allons faire un groupe entre nous, sans hommes ! Cela ne sera pas drôle ») ; mais les participantes retrouvent vite le plaisir de cette intimité purement féminine ; elles réalisent avec une grande joie qu'elles peuvent rester elles-mêmes, au centre de leur nature féminine, tout en se sentant fortes. En même temps, elles découvrent qu'un lien profond peut se former entre elles, sans rivalité, et qu'elles peuvent vivre une relation de sœurs. Elles réapprennent à communiquer en laissant tomber les défenses si durement créées, les rôles que la société les a forcées à jouer, à vivre avec leurs émotions, leur amour à fleur de peau, leur confiance en l'autre et surtout en elles-mêmes. Elles ont besoin des autres femmes pour leur servir de miroir. Je les encourage toujours à trouver des modèles de femmes auxquelles elles puissent s'identifier, qu'elles soient réelles, héroïnes de livres ou de films ou même issues de la mythologie. Fortes de cette nouvelle expérience d'elles-mêmes, elles pourront alors instaurer une relation de participation avec les hommes sur un plan d'égalité et faire entendre leurs perspectives ancrées dans le respect du féminin, comme savent le faire leurs sœurs indiennes.

Dans les groupes mixtes, lorsque nous étudions la

Roue de médecine et que nous passons dans l'ouest pour explorer la dimension du féminin, j'offre la possibilité aux hommes présents, s'ils le souhaitent, de se donner un nom de femme et de vivre pendant une journée sous une identité féminine qu'ils peuvent explorer sous toutes les formes qui leur conviennent.

Je suis toujours frappée de constater avec quel enthousiasme ils saisissent l'occasion de pouvoir vivre en sécurité cette partie d'eux-mêmes qui trouve rarement la place, le temps et l'espace pour s'exprimer. De leur côté, les femmes sont ravies et intègrent les hommes dans leur groupe d'une manière nouvelle ; elles ont le privilège extraordinaire de pouvoir avoir une relation de sœur à sœur avec un homme : elles ne se sentent pas menacées, elles cessent de jouer un rôle de séductrice pour rentrer dans celui de l'initiatrice.

Les relations changent, et lorsque les hommes reprennent leur rôle, tous disent sans exception à quel point ils apprécient davantage l'aspect féminin ; certains ont réalisé le plaisir de mettre des couleurs nouvelles, de les coordonner, de sentir davantage leur corps, d'être en relation avec les femmes sur un autre plan. Ils ont découvert une nouvelle image de la femme à travers leur propre vécu.

Le féminin divin

Si « tout vient du féminin », cela nous amène à retrouver l'origine de la création. La dimension divine est alors d'essence féminine. Retrouver le respect et l'intégration de ces forces féminines à travers une spiritualité vécue dans le quotidien se révèle dans ce que nous encouragent à vivre nos amis Hopis. Dans le message émouvant qu'ils ont adressé dans une vidéo aux Nations unies[1], ils nous disent que le monde a besoin de retrouver l'équilibre et la paix et ils nous montrent ce que leurs prédictions nous offrent si nous ne le faisons pas à temps.

C'est en accomplissant ce retour vers les valeurs du féminin que nous créerons la paix, hommes et femmes ensemble.

---

1. On pourra se procurer une version française de ce très beau film de vingt-sept minutes tourné sur les *mesas* du pays hopi, au cœur de l'Arizona.

Myriam de Magdala, l'Évangile au féminin

JEAN-YVES LELOUP

*L'*Évangile de Marie *est un évangile apocryphe qui nous montre Marie-Madeleine, la pécheresse, recevant, en tant que confidente du Christ, des vérités qu'il ne disait pas aux hommes qui le suivaient, peut-être trop mâles pour comprendre ! Celle que l'on peut considérer comme la fondatrice du christianisme, puisque c'est sur son témoignage que se fonde la résurrection, donne ainsi une version différente de l'enseignement de Jésus.*

Parmi tous les Évangiles écrits ou attribués à des hommes, il y en aurait un écrit ou attribué à une femme. Cette femme serait Myriam de Magdala, celle qui, au dire des autres disciples, a « vu » l'Enseigneur ressuscité (Jn 20, 18). Rares sont les écrits chrétiens des premiers siècles qui ne font pas mention de son personnage tantôt magnifié, tantôt minimisé. Brièvement et simplement, nous pourrions dire avec l'Évangile de Jean que « l'Enseigneur l'a aimée » (Jn 11, 5). Comme il a aimé Marthe sa sœur, Lazare son frère et les autres hommes et femmes qui le suivaient, y compris Judas.

Yeshoua n'aimait pas Jean ou Pierre « plus » que Judas, mais différemment. Il les aimait tous, d'un amour universel et inconditionnel, mais il aimait aussi chacun de façon unique et particulière. C'est sur cet aspect « particulier » de sa relation avec Myriam de Magdala qu'insistera par exemple l'Évangile selon Philippe. Pour cet Évangile, Myriam est la compagne de Yeshoua *(Koinonos)*[1].

On peut « divinement » aimer tous les êtres et même ses ennemis selon l'exercice proposé par Yeshoua ; l'amour humain, lui, est fait de préférence, c'est-à-dire d'affinités, de résonances, d'intimités qui ne sont pas possibles avec tous : « Le Seigneur aimait Marie plus que tous les disciples, et il l'embrassait souvent sur la bouche. Les autres disciples le virent aimant Marie, ils lui dirent : "Pourquoi l'aimes-tu plus que nous tous ?" Le Sauveur répondit, et dit : "Comment se fait-il que je ne vous aime pas autant qu'elle[2] ?" »

Ces quelques lignes peuvent choquer ceux qui ignorent les textes fondateurs du christianisme. Il ne s'agit nullement ici d'entrer dans une polémique qui affirme que Jésus devait être « obligatoirement » marié puisqu'il enseignait dans les synagogues et que, dans la tradition juive, un homme non marié, étant considéré comme incomplet et désobéissant au commandement de Dieu, ne pouvait pas enseigner dans les synagogues ; il ne pouvait pas, à plus forte raison,

---

1. Cf. *Évangile de Philippe* (CII, 59. 9).
2. Cf. *Évangile de Philippe* (63, 34-64, 5), trad. J. E. Ménard.

être prêtre et entrer dans les lieux les plus saints du Temple[1]. Ce à quoi on rétorque que Yeshoua fréquentait son cousin Jean-Baptiste et les Esséniens, et l'on sait, d'après les manuscrits dits « de la mer Morte » (à ne pas confondre avec ceux de Nag Hammadi) trouvés à Qumran, que ces Esséniens non seulement ne se mariaient pas, mais rejetaient « les femmes, les pécheurs et les infirmes. »[2] Si nous nous en tenons aux Évangiles qui nous sont familiers, rien ne nous dit que Yeshoua fut « marié » (au sens où nous l'entendons aujourd'hui), mais il est évident qu'il aimait « les femmes, les pécheurs, les infirmes », ce qui scandalisera non seulement les Esséniens mais aussi les Pharisiens, les Sadducéens, les Zélotes et les autres « sectes » de l'époque.

La question n'est pas de savoir si Yeshoua était marié ou non (encore une fois, au sens où nous l'entendons aujourd'hui) – quel intérêt ? –, mais de savoir si Yeshoua était réellement humain, d'une humanité sexuée, normale, capable d'intimité et de préférence. Selon l'adage des Anciens : « Tout ce qui n'est pas assumé n'est pas sauvé. » Si Yeshoua, considéré comme le Messie, comme le Christ (*Christos*, traduction grecque de l'hébreu *Messiah*), n'assume pas la sexualité, celle-ci n'est pas sauvée ; il n'est plus Sauveur au sens plénier du terme et c'est une logique de mort plus que de vie qui s'installera dans le christianisme, particulièrement dans le christianisme

1. Simon Ben Schorin, *Mon frère Jésus*, éd. du Seuil. A. Abecassis, Josy Eisenberg, *À Bible ouverte*, éd. Albin Michel.
2. Flavius Josèphe, *Histoire des juifs*.

romano-occidental. Si le Christ n'a pas assumé sa sexualité, la sexualité n'est pas « sauvée », la sexualité est mauvaise ; assumer sa sexualité peut être dégradant et donc nous rendre « coupables ». La sexualité, ainsi culpabilisée, peut devenir dangereuse, voire nous rendre effectivement malades...

L'instrument co-créateur de la vie, qui nous faisait exister « en relation », « à l'image et à la ressemblance de Dieu », devient ainsi logiquement un instrument de mort. Serions-nous en Occident, à travers nos culpabilités inconscientes et collectives, en train de subir les conséquences d'une telle logique ?

L'intimité essentielle

L'Évangile de Marie, comme les Évangiles de Jean et de Philippe, nous rappelle que Yeshoua était capable d'intimité avec une femme. Cette intimité n'était pas seulement charnelle, elle était aussi affective, intellectuelle et spirituelle ; il s'agit bien de sauver, c'est-à-dire de rendre libre l'être humain dans son entièreté, et cela en introduisant de la conscience et de l'amour dans toutes les dimensions de son être. L'Évangile de Marie, en rappelant le réalisme de l'humanité de Yeshoua dans sa dimension sexuée, n'enlève rien au réalisme de sa dimension spirituelle, « pneumatique » ou divine.

Marc et Matthieu parleront davantage de ses larmes devant Jérusalem, de son angoisse ou de ses doutes devant la mort : « Père, pourquoi m'as-tu abandonné ?

Si c'est possible, que cette coupe s'éloigne de moi. » C'est le même rappel de l'humanité de Yeshoua ; c'est à travers cette humanité que Dieu se révèle.

L'Évangile de Marie, comme les autres Évangiles, nous invite à nous rendre libres à l'égard de nos dualités, qui nous « diabolisent », nous déchirent. Il ne s'agit pas de nier le corps ou la matière mais, à travers notre non-appropriation et notre non-identification à ces plans du réel, de les sanctifier, de les transfigurer et, comme Myriam de Magdala à la suite de son « Bien-Aimé », d'apprendre par l'imagination créatrice à mettre de l'amour là où il n'y en a pas, là où, dans notre intelligence et notre désir « arrêtés », « entravés », en « état d'arrestation », il n'y en a plus...

Comme à Cana, si nous voulons vivre les noces, il nous faut imaginer l'ignorance réciproque transformée par la parole inattendue en amitié plus douce et « meilleure » que la passion des commencements ; l'eau grise du quotidien réellement enivrée et changée en vin.

L'espace de la Résurrection

Il nous faut vivre le songe amoureux et éveillé de la Magdaléenne : la mort « passée » et « traversée », enfin « comprise » dans l'espace de la Résurrection. Non seulement Myriam de Magdala est une femme, mais une femme qui aurait accès à la « connaissance », et c'est en ce sens-là sans doute qu'elle était, à l'époque de Yeshoua, considérée comme « pêcheresse » ; elle ne se conforme pas aux lois d'une société où la connaissance est « affaire d'hommes » et où les femmes n'ont pas le droit d'étudier les secrets de la Thora, ni d'interroger les chiffres clairs ou obscurs de ses lettres carrées.

Les discours qu'elle tient aux disciples ne peuvent que les irriter : pour qui se prend-elle ? Il ne suffit pas d'être aimée de l'Enseigneur, il lui faut encore s'approprier son enseignement et jouer les « initiées » ; elle emprunte les paroles mêmes de Yeshoua lorsqu'il se trouvait en présence d'intelligences « non préparées », plus ou moins bornées, prenant pour réel ce qu'elles tiennent dans les champs clos de leurs perceptions : « Comprenne qui pourra », « Que celui qui a des oreilles pour entendre entende ! »

Plus important que ces paroles irritantes rappelant aux disciples les limites de leur compréhension, l'Évangile de Marie témoigne d'un mode de connaissance « autre », différent de celui auquel l'esprit masculin a généralement accès. Il s'agit d'une connaissance de type prophétique ou visionnaire, qui n'est pas le propre des femmes, mais qui appartient certainement à la dimension féminine angélique ou « orientale » de la connaissance humaine.

L'Enseigneur est interrogé à ce propos. Quel est l'organe de la vision ? Avec quels « yeux » Myriam de Magdala peut-elle contempler le Ressuscité ? Les réponses de l'Enseigneur sont nettes : le Ressuscité n'est pas visible aux yeux de chair, ni aux yeux de la psyché (âme) au sens ordinaire du terme, ce n'est pas une hallucination, ni un phantasme lié à quelques excitations sensibles, psychiques ou mentales ; il ne s'agit pas non plus d'une vision « pneumatique » ou spirituelle. Selon l'Évangile de Marie, il s'agit d'une vision par le *nous*, dimension souvent oubliée de nos anthropologies. Le *nous* est considéré par les Anciens comme la « fine pointe de l'âme » – on dirait aujourd'hui « l'ange de l'âme » ; il donne accès à ce monde intermédiaire, ni seulement sensible, ni seulement intelligible : « l'imaginal » dont parle avec précision Henry Corbin[1]. Nous pourrions dire avec lui que dans l'Évangile de Marie nous ne sommes pas « réduits » au dilemme de la pensée et de l'étendue (Descartes), ou au schéma d'une cosmologie et d'une gnoséologie limitées au monde empirique et au monde de l'entendement abstrait. Entre les deux vient se placer un monde intermédiaire, monde de l'image ou de la représentation, un monde aussi réel ontologiquement que le monde des sens et le monde de l'intellect ; un monde qui requiert une faculté de perception qui lui soit propre, faculté ayant une fonction cognitive, une valeur noétique, aussi réelles de plein droit que celles de la perception sensible ou de l'intuition intellectuelle : « Cette faculté, c'est la puissance imaginative, celle justement qu'il nous faut garder de confondre avec l'imagination que l'homme dit "moderne" identifie avec la fantaisie qui, selon lui, ne sécrète que de l'imaginaire. »

Lorsque Renan dit : « Tout le christianisme est né

---

1. Henry Corbin, *Corps spirituel et Terre céleste*, éd. Buchet-Chastel.

de l'imagination d'une femme », il se trompe sans doute parce qu'il donne au mot « imagination » un sens péjoratif, plus ou moins synonyme de faculté d'illusion ; selon les présupposés anthropologiques qui conditionnent sa pensée, Renan, en effet, ignore tout des catégories relevant de l'imagination créatrice, dans lesquelles ces textes anciens ainsi que les écritures sacrées ont été élaborés.

Si Dieu est vivant, il veut se communiquer ; il faudra donc une médiation entre Dieu et l'humain, le visible et l'invisible, le monde des corps matériels et le monde des esprits immatériels. C'est dans ce monde intermédiaire imaginal que se situent les rencontres de Myriam avec le Ressuscité. Chez elle comme chez les anciens prophètes, Dieu active dans l'imagination visionnaire les formes nécessaires pour conduire à Lui ; en ce sens, le christianisme est bien « né de l'imagination d'une femme » : « Seigneur, je te vois aujourd'hui dans cette apparition. » Il répondit : « Bienheureuse, toi qui ne te troubles pas à ma vue » (Évangile de Matthieu, 10, 12-15).

Nous ne sommes plus ici dans une métaphysique du sujet s'opposant à une métaphysique de l'objet (il n'y pas d'objet sans sujet qui le conçoive et se le représente, il n'y a pas de sujet qui ne soit « réaction » à un objet ou à un environnement perçu comme extérieur ou « autre »).

Nous sommes ici en présence d'une « métaphysique de l'ouvert », lieu de rencontre, d'affrontement ou d'alliance du sujet et de l'objet saisis dans leur interdépendance. La réalité n'est ni objective ni subjective, elle est ce « tiers incluant » où les deux, « imaginalement », deviennent Un[1].

Un champ inexploré

Il y a là tout un champ inexploré par les philosophies contemporaines, qui oscillent encore entre les métaphysiques de l'étant (Heidegger) et les métaphysiques de l'altérité (Lévinas). La tâche du prochain siècle sera sans doute d'investir cette pensée de l'ouvert ou de « l'entre-deux » : l'impensé ne sera plus alors à chercher du côté des Grecs ou du côté des Sémites, mais dans cette « synthèse orientée » et rejetée par les uns comme par les autres qui se fait jour dans les textes du premier christianisme. Le renouvellement de la pensée aux sources des écrits néo-testamentaires passera par une réhabilitation de l'imagination créatrice. « Car l'imagination créatrice est ainsi nommée non par métaphore, ou par esprit de fiction, mais au sens plein : l'imagination crée, elle est la création universelle elle-même. Toute réalité est imaginale parce qu'elle peut se présenter comme une réalité. Parler du monde imaginal, ce n'est pas autre chose que méditer une métaphysique de l'Être[2] où sujet et objet naissent ensemble du même acte créateur de l'imagination transcendantale[3] ».

Plutôt que de parler de « pensée créatrice », il nous

1. Cf. *Évangile* de Thomas.
2. Nous dirons « de l'ouvert ».
3. Christian Jambet, *La Logique des Orientaux*, éd. du Seuil.

faudra désormais parler « d'imagination créatrice » ; ceux qui veulent comprendre la nature et les événements du monde doivent apprendre à rêver avant que d'apprendre à penser. Le langage des écritures sacrées est celui des images et des symboles propres aux rêves plus que celui des concepts propres aux sciences.

C'est cette imagination créatrice que tentera d'éveiller en nous l'Évangile de Marie, non sans rencontrer les réticences et objections d'une philosophie des sens et de la raison représentée par Pierre et André.

Les conséquences éthiques d'une telle pratique du désir et de l'imagination sont évidentes et ne vont pas de nouveau manquer de choquer les autres disciples de Yeshoua : « Le péché n'existe pas » ; c'est nous qui, avec notre imagination maladive, ne cessons de le créer et d'inventer des lois pour le conforter. C'est notre imagination qu'il faut guérir. Nous sommes responsables du monde dans lequel nous vivons puisque c'est nous qui le créons ; notre manque « d'imagination éclairée » l'enferme dans « l'être pour la mort » et nous enferme dans les limites où notre cœur et notre intelligence se sont arrêtés...

Le « moteur » de cette imagination, chez Myriam, ne peut-être que le désir et l'amour, elle aime un être qu'elle a connu dans le monde sensible, elle a vu en lui la manifestation de l'Aimé divin ; par l'imagination, elle spiritualise cet être en l'élevant de sa forme sensible juqu'à son image incorruptible.

Comme les disciples au Thabor, ses yeux s'ouvrent

à sa réalité essentielle, à l'archétype qui l'informe, son imagination l'investit d'une présence telle qu'elle ne peut ni la perdre ni s'en absenter ; elle crée ainsi le Réel aimant qui sans cesse l'éclaire et l'accompagne. Ce Réel n'est ni illusion, ni sublimation, ni compensation dans le sens psychologique du terme, il est éveil à ce monde intermédiaire, expérience et connaissance, dans lequel le Christ se donne à contempler comme « archétype de la synthèse » que l'âme de désir cherche à étreindre : « L'amant divin est esprit sans corps ; l'amant physique est un corps sans esprit, l'amant spirituel possède esprit et corps. »

L'apparition qui se manifeste à Myriam de Magdala (intérieurement et extérieurement) est esprit et corps ; c'est ce qui fait de Myriam un *anthropos*, un être humain entier : l'incarnation qui répond à l'incarnation du Logos commun qui les informe. Là où deux êtres s'aiment, Dieu est présent. Là où ils se rencontrent : « Le Verbe se fait chair. »

Les béguines et l'esprit féminin des contraires

NICOU LECLERCQ-DUBOIS

Parmi les multiples mouvements qui s'opposèrent au système patriarcal dominant, citons ici celui des béguines qui, aux XII*e et* XIII*e siècles, surent justement faire souffler l'esprit de liberté en Flandre, en Rhénanie en Bavière. Et furent évidemment persécutées...*

Héritière de l'esprit des béguines du nord, je me suis toujours sentie différente de la culture dominante monopolairement patriarcale, hiérarchique, dualiste, androcratique qui nous fut imposée comme vérité absolue.

Chaque individu a son approche du réel, sa vision du monde originale, unique et différente. La vérité est relative à chacun.

Je pense souvent que nous stockons la mémoire du passé dans le disque dur de notre inconscient. Et que nous ne laissons apparaître sur l'écran de notre conscient que ce qui est permis par la culture dominante. Nous craignons inconsciemment d'être une nouvelle fois brûlées comme sorcières, du moins symboliquement. Ou d'être privées de notre pain quotidien si nous n'entrons pas dans le système dominant.

Certains font découler le mot « béguine » *d'albigens, bigens, begijn. Albigens,* l'Albigeois.

Quelles étaient les hérésies pour lesquelles on inquiétait les béguines ?

Pourquoi l'Inquisition brûla-t-elle celles qui n'abdiquaient pas de leur manière originale de penser, ne se soumettaient pas, refusaient de se laisser enfermer dans des couvents ?

– Elles faisaient partie des frères et sœurs du libre esprit. Ceci est insupportable pour des castes patriarcales dominatrices qui établissent leur domination par la pensée unique et dogmatique.

– Elles pensaient que l'amour du pouvoir empêche le pouvoir de l'amour. *Roma* contredit *amor.* Rome contredit Jésus.

– Elles se réunissaient sous forme de cercle et de table ronde où, chacun son tour, homme ou femme, avait la responsabilité du groupe. Cette responsabilité signifiait « service » et non « privilège ».

– Elles refusaient la préséance hiérarchique tout en acceptant la spécificité. Mais « spécificité » ne signifiait pas « supériorité ». Les dons et les talents étaient des cadeaux gratuits de la vie qui devaient être rendus à la vie, partagés avec les autres, mais qui n'induisaient aucune « méritocratie », aucun privilège lié au prétendu mérite.

– Elles disaient que la nature était bonne et donc divine. Le divin c'est la vie. Et non un papa absolu planqué dans un hypothétique ciel, induisant un système totalitaire de pensée, dont une caste de mâles supérieurs serait la représentante et la gardienne privilégiée. La nature humaine est donc divine et non mauvaise, entachée de péché.

Leur spiritualité s'émerveillait devant la nature. Les religions et les spiritualités qui diabolisent la nature et la vie sont dans la pulsion de mort.

– Leur logique, basée sur la vie, sur les deux pôles de la nature humaine réunis, était une logique de conjonction des contraires et non une logique d'opposition et d'exclusion des contraires si chère aux religions monopolairement patriarcales dont le dualisme androcratique induit la rivalité, la compétition, la guerre, la mort. Bien-mal, vrai-faux.

La conjonction des contraires est une logique de vie, d'enrichissement, de créativité, de tension créatrice des contraires. Ce que Jane Eisler, dans *Le Calice et l'Épée*, appelle les « cultures nourricières et solidaires du "calice" ».

– Elles disaient qu'on va au divin sans intermédiaire. Elles niaient les castes cléricales églisières qui s'interposaient entre le divin et l'homme. Ce faisant, elles étaient subversives par rapport au pouvoir en place et situaient le divin dans l'amour, qui est toujours subversif par rapport au pouvoir.

– Elles croyaient à l'éveil de l'âme, de la conscience, de l'esprit selon sept degrés d'amour. L'esprit peut être dans l'intelligence de la sensation. L'esprit peut être dans l'intelligence sociale qui privilégie les contacts sociaux. L'esprit peut être dans l'intelligence rationnelle qui privilégie les classifications, l'ordonnance. L'esprit peut être dans l'intelligence du cœur qui privilégie l'affectif. L'esprit peut être dans l'intelligence conceptuelle qui privilégie la synthèse. L'esprit peut être dans l'intuition créatrice qui privilégie la vision par flash, par onde vibratoire. L'esprit peut être dans l'imagination créatrice où l'on vit sa vie par un imaginaire qui se réalise. L'alchimie des sept degrés étant l'harmonie humaine divinisée.

– Elles distinguaient connaître – co-naître (naître avec l'expérience vécue) – et savoir – s'avoir (avoir pour soi). L'amour consistait dans le partage de la connaissance, de l'expérience vécue.

Les béguines traduisaient les textes en langage populaire accessible à tous. Elles n'aimaient pas le goût du pouvoir sur l'autre et disaient que « la cléricature patriarcale codifie le savoir, de préférence en un jargon abscons, pour en faire une arme de pouvoir dont elle détient les clés ».

Héritière de ces béguines, de ces femmes du libre esprit non conforme à la pensée unique, dogmatique de la spiritualité dominante, j'espère ne plus encourir le bûcher ou les brûlures de l'enfer (des lieux inférieurs de l'âme) pour oser cette histoire subversive.

Pour oser réunir les deux moitiés de l'humanité dans la resacralisation de l'éros comme source de spiritualité vivante, incarnée. Une culture qui ne sépare plus la spiritualité de la sexualité, l'homme de la femme (sous prétexte qu'il serait spirituellement supérieur sans elle).

Le centre de la croix

PAULE SALOMON

L'auteur de La Femme solaire *plaide ici pour que la femme d'aujourd'hui retouve son rôle hiérophanique d'initiée aux mystères, afin de nous faire passer de l'horizontalité de notre vie active à la verticalité de notre dimension spirituelle. Car l'humanité a besoin, d'urgence, d'un changement de paradigme.*

Et si l'étincelle spirituelle reposait au plus profond du sexe et du ventre de la femme ? Et si c'était à elle de la faire ressurgir des mutilations et des culpabilités ? La prêtresse retrouvée ouvre alors le passage au nouveau prêtre, non pas celui de la castration ou de la robe, mais un homme d'une immense douceur alliée à sa force, qui peut accueillir une femme et se laisser accueillir par elle pour partager l'infini de l'amour. Le trajet de l'amour romantique à l'amour conscient ouvre la voie d'une nouvelle spiritualité.

Les femmes gardiennes

Dans la grande entreprise de laminage de l'ère patriarcale, la femme n'a pas seulement été soumise et infériorisée sous le joug, la loi du masculin, elle a aussi perdu sa valeur d'initiée ou, du moins, elle l'a engloutie sous les eaux de l'inconscient. Comme Blanche Neige ou la Belle au bois dormant, elle est la princesse endormie, protégée d'un destin plus funeste par son sommeil même. Elle dort et veille sur le possible tout à la fois comme la graine enfouie dans le sol pendant les froidures de l'hiver et elle attend le printemps de son âme. La femme se garde et a placé au plus profond de son cœur le message de l'amour, et nul ne sait qui viendra la délivrer et libérer le passage. C'est toute l'histoire du Graal et des chevaliers en quête de la coupe de la féminité, du vase sacré.

Mais les chevaliers de la Table ronde se sont évanouis à l'horizon. Ils ne reviendront pas car il n'appartient plus aux hommes de sauver l'âme malade du monde, malade d'un manque d'amour. Les femmes commencent à savoir que le chevalier, le prince tant attendu, surgira en elle et que l'attente doit se convertir : d'extérieure elle doit devenir intérieure.

Une musique très lointaine se fait entendre, plaintive encore, souffrante et discordante. Celle des femmes qui se relèvent et se réveillent dans un ballet incertain. Comme elles sont mutilées et incomplètes, ces femmes ; comme elles se cherchent, comme elles s'auto-détruisent, comme elles s'entre-détruisent, ignorantes de leur beauté et de leur sororité. Pourtant, des mains s'élèvent, se rejoignent, esquissent la forme d'une coupe, font naître un soleil. Ce soleil pâlit et l'on peut croire qu'il va disparaître, mais à nouveau il brille au-dessus des têtes. Les chants deviennent plus mélodieux, plus puissants. Une onde se déverse en pluie fécondante sur l'humanité assoiffée. Le chant de l'être se répand et irrigue toutes les âmes. L'espoir de ce monde est entre les mains des femmes.

Que peuvent faire les femmes ?

Réapprendre à s'aimer elles-mêmes et entre elles. Celles qui émergent socialement cherchent plus la compagnie des hommes que celle des femmes. Elles sont flattées secrètement d'être acceptées par ceux qui détiennent le pouvoir, elles s'identifient plus volontiers à eux qu'aux femmes qu'elles accusent d'être mesquines, jalouses et peu intéressantes.

Et pourtant, la blessure culturelle collective a besoin de se guérir par des retrouvailles avec la royauté intérieure de la femme. Sur un plan énergétique, la femme est par son corps une urne de vie. Elle peut abriter une nouvelle vie et lui donner naissance. Son sexe est à l'intérieur de son corps. À tout instant il lui parle comme une chaude présence, il l'invite à une célébration intime. Quand elle accepte cette stimulation érotique toute particulière, la femme est perpétuellement reconduite à l'état d'éveil. Quand elles ne sont pas blessées par l'éducation, la petite fille et la jeune fille ont cette capacité d'écoute et de pétillement intérieur qui leur permet de relativiser les enseignements rationnels du langage et les discours du mental. Dans son essence, la femme a un accès direct à l'extase, au présent de l'instant, à la réceptivité créatrice de grâce.

L'histoire d'une coupure

Dans différentes cultures, les pratiques de mutilation du sexe féminin sont reliées au désir masculin de couper cette capacité initiatique qui fait de la femme un être fondamentalement libre, inaliénable. Plus subtilement, les théologies occidentales ont coupé la femme du meilleur d'elle-même en condamnant dans un même mouvement la sexualité, la chair et la femme, toutes coupables d'exister. La chute de l'humanité est liée au péché majeur de croquer la pomme. Et jamais Adam ne se serait engagé dans cette voie s'il n'y avait eu la tentation de cette pécheresse d'Ève. L'histoire n'a souvent retenu que cette culpabilité. Mais l'autre face est celle d'un pouvoir exorbitant. Dire que la chute est du côté d'Ève, c'est dire implicitement qu'elle détient aussi le pouvoir de l'élévation.

Pendant des milliers d'années, les prêtresses de la Déesse-Mère ont rempli cette fonction positive de lien entre le ciel et la terre, elles organisaient dans les temples les cérémonies de la fertilité. Les hommes et les femmes se rencontraient sexuellement sous l'égide d'un rituel qui donnait toute sa signification à leur étreinte. Il s'agissait d'un *hierosgamos*, mariage ou union sacrée. Une ligne terre-ciel, sexe-tête était ainsi invitée à se manifester pour l'irruption d'une conscience plus vaste, d'une conscience hors temps. L'orgasme sexuel, dans certaines conditions, peut devenir une extase, non plus seulement localisée au sexe mais amenée vers le cerveau, et le vécu permet une sortie du temps, comme si le présent s'étirait indéfiniment. Il y a toujours un moment où le temps vous rattrape, mais cette incursion plus ou moins brève dans l'éternité apporte à l'être une force intérieure où il s'inscrit. C'est ainsi que nous avançons de point d'entrée en point de sortie.

La femme interdite de prêtrise, soumise à l'homme, culpabilisée, n'a plus la possibilité de faire chanter ce lien pour elle-même et pour l'homme. Désormais, il lui est demandé de se contenter d'être une femme strictement fidèle à un seul homme, de lui faire des enfants et de les élever. Elle rachètera sa faute en étant une bonne épouse et une bonne mère. La femme au sexe chantant ne survivra que comme exception dans le cadre du mariage et se réfugiera parfois chez la putain comme une caricature d'elle-même.

Mais notre époque favorise depuis cinquante ans la réémergence de la dimension de prêtresse chez la femme. Les possibilités de la contraception lui ont rendu une maîtrise de sa fécondité. Désormais, la sexualité a pu ressortir de sa stricte fonction de reproduction pour redevenir un agent d'éveil de la conscience individuelle et de l'énergie. Mais nous n'en sommes encore qu'aux premiers balbutiements sur le plan collectif, même si quelques êtres d'exception ont déjà défriché loin les terres de la nouvelle jonction sexe-cœur-tête.

La naissance de l'amour

Plus cette conscience grandira, plus les femmes retrouveront leur fierté initiatique qui n'a rien d'égotique. Depuis l'époque des déesses-mères, les données ont changé. Le patriarcat peut apparaître comme une énorme réaction de défense masculine face à ce pouvoir féminin de donner la vie et d'enseigner l'amour. En un sens, c'est un détour ; en un autre sens, il a permis l'apparition du père, du cœur et de l'amour individualisé. Les femmes ont appris aux enfants à aimer leur père et aux pères à aimer leurs enfants. Dans les légendes anciennes, le dieu Chronos mangeait ses enfants, et nous ne manquons pas, dans nos annales, d'histoires de mères devant protéger leurs enfants contre le père. Les cas d'inceste sont là aussi pour en témoigner. Dans un grand paradoxe, nous sommes aussi obligés de constater que le patriarcat guerrier et destructeur a permis l'éclosion d'une fleur de civilisation qu'on appelle l'« amour ». Les deux extrêmes cohabitent.

Nous avons vu que la force initiatique de la femme s'est engloutie, ce qui veut dire aussi qu'elle n'a pas disparu, qu'elle est toujours là, attendant son heure.

On pourrait dire qu'elle est passée pendant des milliers d'années par l'humiliation, et cet abaissement a permis une élévation sans précédent dans l'histoire humaine : l'ouverture du cœur. C'est peut-être la même intuition qui a inspiré le poète René Char lorsqu'il écrit lapidairement : « Ne te courbe que pour aimer. »

Les femmes se sont courbées, et les germes d'amour dont elles étaient les dépositaires ont connu l'humidification de l'humilité. Belles, captives, palpitantes et émouvantes, les femmes inspirent les poètes et les troubadours, des hommes touchés par le contact avec leur propre féminin, et qui se font les serviteurs de l'amour. Une dimension spirituelle est née en dehors de tous les dogmes, une vibration, un mystère de l'âme. Brûlure du désir et brûlure du cœur, désir de l'amour et amour du désir, Éros se déploie entre le sexe et le cœur, dégageant la femme des servitudes conjugales, légitimant l'infidélité au nom de la culture de l'amour. Agape se déploie et, avec l'aide de la religion, tente de se couper d'Éros, trop possessif et passionné. Le poète est appelé à aimer non plus une femme réelle mais une figure idéale comme la Vierge Marie. Le rayonnement de la bonté se substitue aux crépitements de la beauté charnelle.

Notre monde hérite de la coupure entre le sexe et le cœur, entre le sexe et la tête. En revanche, cœur et tête font bon ménage, notamment dans le principe : cœur charitable et tête croyante. Le lien entre le sexe et le cœur a bien du mal à se maintenir dans les unions. Un homme et une femme peuvent se désirer et ne pas s'aimer, peuvent s'aimer et ne pas se désirer, partager des idéaux communs sans s'aimer, ni se désirer, etc. Très peu d'êtres ressentent la sexualité comme sacrée. Le désir est souvent vécu comme un parent pauvre. Le sentiment d'amour est très valorisé mais souvent volatil, vite rattrapé par la peur de se perdre dans l'autre.

L'amour est partout et pourtant il est rare. Notre monde, qui tourne sans fin dans la fournaise du profit et de l'avidité de tout, cherche aussi comment vivre Éros, Agapé et le divin, comment faire la jonction sexe-cœur-tête. La femme qui se réveille enfin cherche plus que les hommes cette voie de l'amour qui n'a plus besoin de dieux ou de croyances. C'est pour cela qu'on voit tant de femmes dans les séminaires de développement. Elles se cherchent elles-mêmes, elles tentent de devenir qui elles sont et d'incarner des porteuses de lumière là où elles vivent. Il n'y a pas de recette à dévoiler, car elles avancent vers le mystère.

Spirituellement, la femme ensemence l'homme après l'avoir labouré de ses exigences, qui lui restent incompréhensibles, jusqu'à ce qu'elle décide parfois de le quitter. Certains hommes ne commencent le voyage du sens qu'après une rupture. Toutes nos rencontres intensément amicales, passionnément amoureuses nous conduisent vers nous-mêmes. Et souvent, ce sont les mères qui pétrissent l'âme de leurs fils et y déposent un levain qui mettra parfois toute une vie à lever.

Le féminin de l'homme

Autrefois, il paraît qu'à l'armée on disait volontiers que pour faire un bon combattant il fallait tuer la femme qu'il y avait dans chaque homme. Ce qui revenait à dire qu'il ne devait plus être en contact avec sa sensibilité, son humanité, pour pouvoir détruire. Inversement, dans les temps lointains des temples et des rituels de la Déesse-Mère, certains hommes qui voulaient entrer au service de la Déesse, devenir des prêtres, se castraient volontairement puis entraient dans la première maison venue où les habitants étaient tenus de leur donner des vêtements féminins. On peut aussi s'interroger sur la robe du prêtre catholique. Désignait-elle ce féminin qu'il était censé avoir acquis en lui puisqu'il renonçait de son plein gré à toutes les femmes extérieures et s'engageait dans le célibat chaste ?

Le prêtre est celui qui peut faire un lien, pour lui et pour les autres, entre la terre et le ciel, un être reconduit majoritairement au divin et inspiré par lui. La castration du fils-amant est aujourd'hui symbolique, du moins sur le plan physique, car s'il conserve son sexe il renonce à en faire usage. Ce qui suppose qu'il a abandonné la fonction pénétrante au profit de la seule réceptivité. Le prêtre s'adonne au féminin de l'existence, au partage, à la charité, à la compassion, à l'amour... C'est une véritable conversion, une mutation qui ne se fait pas sans violence sur la nature quand il s'agit de vœux prononcés à vingt ans.

Car, pour la majorité des hommes, l'accès à

l'*anima*, à la figure de la femme intérieure, passe par des visages significatifs de femmes, de la mère à la sœur, à l'amante, à l'épouse, à la fille, etc. La beauté intérieure se construit par ce va-et-vient de l'extérieur vers l'intérieur. Certaines personnalités masculines répriment ce féminin à cause des circonstances de leur éducation, mais même les plus cuirassés se laissent rattraper par leur sensibilité aux alentours de la soixantaine, et parfois avant. Lorsque l'intégration du féminin reste freinée, la plupart des hommes se polarisent sur le pouvoir, ont peu d'accès à une femme sur le plan affectif, restent immatures et dépendants, avec une peur et une fascination mêlées à l'égard de la femme.

Le don Juan est un homme qui a peu de contact avec son *anima* et qui compense ce manque par une quantité extérieure. L'homme de pouvoir peut être entouré de femmes dont il tente de se nourrir, de se remplir en vain, ce qui développe parfois une insatisfaction cynique.

Que se passe-t-il pour un homme quand le féminin commence à germer en lui ? Il prend conscience, il évolue, mais souvent, d'abord, il souffre d'un excès de sensibilité, d'un trop-plein d'amour. Pour moins souffrir, il tente de comprendre, il cherche, et sa quête le conduit sur une voie où, progressivement, tout prend sens. Il peut devenir Tristan, l'homme d'une seule femme, parfois encore dépendant, avant d'être l'homme conscient, l'homme de l'unité, qui peut s'engager différemment dans le voyage de l'amour.

L'étoile à six branches

Que signifie la rencontre des deux triangles dans l'étoile de Salomon ? Le triangle du haut représente le besoin d'élévation de l'être et le triangle du bas son enracinement. Le croisement de ces deux triangles donne naissance à l'étoile à six branches qui symbolise aussi une réalisation harmonieuse de l'être réconcilié avec les deux directions fondamentales du masculin et du féminin. Vouloir s'élever n'exclut pas d'avoir les deux pieds sur terre, puissance et conscience ont la nécessité de se conjoindre, de se marier, de s'infuser mutuellement. Mais tout se passe comme si, jusqu'à présent, les religions et les sagesses n'avaient guère trouvé de propositions collectives qui intègrent ces deux dimensions.

Le triangle pointe en haut a été privilégié par le masculin. Les trois religions monothéistes invitent l'être spirituel à se désincarner, à vivre un allégement, une sortie du corps. Le message collectif enregistré comme une croyance est celui-là : moins vous vous occuperez des biens matériels et des plaisirs de la chair, plus vous vous approcherez de votre nature divine obscurcie par la pesanteur de la matière et la concupiscence. Purifier son regard, c'est aussi se détacher du monde. La vie terrestre peut être souffrante, mais l'au-delà justifie tout.

Le triangle pointe en bas tend à amener la conscience dans l'incarnation. Il ne s'agit plus de sortir, mais d'entrer. Chaque geste du quotidien devient l'occasion d'exercer un discernement, une qualité de présence. Aucune forme de vie n'est meilleure que l'autre, tout dépend de la présence apportée dans la joie comme dans l'épreuve. L'argent, la sexualité, la sensualité, le plaisir de vivre ne sont plus tabous, mais l'occasion d'exercer une sagesse du milieu, de chevaucher une force sans se laisser désarçonner par elle. Notre époque tente de trouver une voie qui conjugue ces deux directions masculine et féminine de la spiritualité : la désincarnation et l'incarnation. Pour l'émergence de l'étoile.

Le centre de la croix

Que signifie la rencontre de la verticale et de l'horizontale au centre de la croix ? La croix évoque d'abord, pour un Occidental, la crucifixion. Comme si la conjonction de l'horizontale et de la verticale ne pouvait se faire sans une terrible souffrance. Nous sommes confrontés à cela dans notre vie de tous les jours. Quel est le temps que je consacre à l'horizontale et quel est le temps que je consacre à verticale ? Une vie profane est pratiquement entièrement faite de gestes pour la survie ou pour l'affirmation de soi, des courses au bricolage, à l'entretien de la maison, à l'activité professionnelle, à la gestion du budget, à la poursuite d'une œuvre... Une vie consacrée posera les pratiques méditatives ou caritatives au centre de son temps. Y a-t-il un troisième terme, une vie consciente qui tente à chaque instant la conjonction de la verticale et de l'horizontale ? Notre époque semble chercher cette rencontre et, dans le même état d'esprit, le couple apparaît à beaucoup comme une voie de réalisation, un lien entre profane et sacré. Réussir à vivre harmonieusement une intimité prolongée avec un autre représente une sorte d'épreuve initiatique. Dans certains cas, la méditation incluse dans le quotidien contrebalance la paresse de pratiquer, mais la morale de l'effort et de la discipline ne suffit pas à favoriser l'évolution. Quel est ce centre, quel est ce cœur situé au croisement de deux directions sinon l'approche toujours plus subtile de soi-même et de l'autre ? Aimer.

Dans une perspective historique, l'amour est comme un cadeau de la crucifixion et de la souffrance, de la soumission douloureuse des femmes, de l'emmurement des hommes dans leur carapace guerrière. Aujourd'hui, l'amour nous invite à une fleur de réalisation. Il y a eu un temps pour la coupure. Il y a un temps pour la jonction. Les hommes et les femmes s'individualisent, affirment leurs différences, explorent une identité plus androgyne, changent leurs comportements, prennent un espace de liberté et, paradoxalement, se donnent les chances de se rencontrer dans la fusion comme jamais.

Et si le centre de la croix pouvait s'atteindre par cette rencontre toujours plus complète de deux corps, de deux âmes, de deux esprits s'avançant l'un vers l'autre dans un dénuement toujours plus total, une finesse toujours plus présente ? Et si l'émerveillement du divin nous attendait non pas dans la sortie, non pas dans l'entrée, mais au milieu, là où nos religions ne sont jamais allées le chercher jusqu'à présent ? Dans l'incandescence de la chair, la nudité de l'âme, l'élévation de l'être.

Une femme consciente peut allumer la flamme de ce projet de vie et le proposer à son compagnon jusqu'au moment où lui aussi se fait le porteur de feu.

La Sainte Esprit

CATHERINE ANDRIÈS

Dans les Évangiles traditionnels comme dans celui de Thomas, la référence au féminin est constante. Elle prend ainsi la forme d'une colombe symbolisant le Saint-Esprit dans la Trinité, image toute de douceur et de grâce pour suggérer cette inspiration, cette respiration, ce souffle de l'énergie divine.

La découverte en 1945 de l'Évangile de Thomas qui insiste tant sur la nécessité spirituelle de « faire le deux un » n'est pas à mon sens un pur hasard de l'histoire. À la fin de la Deuxième Guerre mondiale, il vient mettre en lumière le défi qui est maintenant posé à notre évolution humaine. Quel que soit le plan que l'on aborde, psychique, relationnel, social, économique, politique ou religieux, nous sommes amenés à constater que si nous ne parvenons pas à reconnaître le « deux » de notre humanité pour l'inclure en totalité dans une unité vivante, elle court droit à la folie destructrice. Dans le symbole religieux de la divine Trinité, à travers la nomination du Père, du Fils et du Saint-Esprit, en apparence, le masculin seul règne. En apparence, ce langage traduit plutôt une prédominance de la masculinité, qui semble exclure la féminité de l'être. Cette traduction d'une vérité spirituelle peut être source de blessures profondes et de souffrances, tant pour les femmes que pour les hommes, d'ailleurs. Mais une ouverture d'esprit qui ne se laisse pas arrêter par la rigidité de la lettre nous permet de boire à une source qui peut rendre à nouveau la parole et le symbole vivants. Voici une proposition spontanée, qui demanderait certes un travail d'approfondissement.

Pour les chrétiens, le chemin vers le Royaume est offert par l'incarnation du Christ et par la venue de l'Esprit saint. Or l'Esprit saint, appelé aussi « souffle divin », est originellement, en hébreu et dans les langues sémitiques, un terme féminin : la *Rouach*.

La divine Trinité pourrait dès lors s'entendre et se comprendre ainsi : le Christ-l'Être-la *Rouach*. Nous aurions alors le symbole d'une réalité transcendante où le masculin et le féminin sont *un*, qui n'est pas de ce monde, mais qui est au monde et dans le monde par l'entremise d'une « divine masculinité » et d'une « divine féminité ». Le mystère ne s'efface pas pour autant, puisque le Christ et l'Être sont *un*, la Rouach et l'Être sont *un*, le Christ et la Rouach sont un, tous trois sont *un*...

Que le mystère surtout reste un mystère. Tous les mystiques de tous les temps et de toutes les grandes traditions spirituelles ont toujours témoigné que le royaume de l'Être n'est pas abordable par notre pensée et notre logique humaines. Tout en étant conscients que nous ne pourrons jamais communiquer par des mots que le reflet terrestre de l'indicible mystère, nous pouvons toutefois envisager qu'un symbole de la divine Trinité qui ne s'exprime qu'en termes masculins a besoin de renaître en ce moment de notre histoire humaine. Car le danger existe – et la désertion de nos églises le prouve – que l'âme de notre monde actuel ne puisse plus s'y reconnaître et ne puisse plus y boire comme à une source qui la vivifie. Au niveau spirituel, nous devrions être capables de réaliser le « saut quantique » qui ouvre la lettre des Écritures pour en découvrir le Logos vivant, de passer de l'argent de la parole à l'or du silence. Le symbole remplit son rôle lorsque les mots ou l'image opèrent dans son sens étymologique *(sun-ballein)* de « jeter un pont », de permettre le passage de notre âme vers la contemplation du mystère divin, vers l'union mystique, la chambre nuptiale en laquelle l'humain et le divin sont un. Lorsqu'un symbole n'opère plus dans ce sens, ce sont les changements intervenus dans notre monde humain qui en sont la cause. Ceux-ci sont l'expression de la progressive et lente maturation de notre âme et de notre ouverture de conscience. Le problème de l'efficience du symbole est donc de relier l'éternité au temps. Lorsqu'il devient trop vieux dans sa relation au temps, il devrait pouvoir, comme le phénix, renaître de ses cendres, en étant à la fois le même, mais différent dans la forme, qui en est rajeunie.

Pour celui ou celle qui a déjà pu pénétrer derrière

la lettre ou l'image, le problème ne se pose pas. Mais pour celui ou celle qui tente le grand saut, la lettre ou l'image devrait pouvoir l'y inviter, l'y attirer, l'y conduire. L'Évangile de Thomas est ici aussi riche d'un apport particulier en ce sens qu'il nous parle nommément de la Mère divine, de la « féminité de l'Être » : « Celui qui n'aime pas son Père et sa Mère comme moi ne pourra se faire mon disciple ; car ma mère m'a enfanté, mais ma Mère véritable m'a donné la Vie » (Logion 101, 4-8)

Cette Mère véritable, si l'on considère le genre féminin sémitique du Saint-Esprit et de certains textes apocryphes (Actes de Thomas, Évangile selon les Hébreux), ne peut être que la *Rouach*.

En Marie, et c'est là aussi un non moindre mystère, la divine Trinité s'est unie à l'humanité. Je cite ici une phrase qu'une sœur d'un monastère orthodoxe des Corbières m'a dite un jour et qui me fut à la fois un baume cicatrisant et un émerveillement : « Marie est plus vaste que l'univers, car elle a contenu ce que l'univers ne peut contenir. » Voici pour la féminité de l'être humain à l'apogée de ses possibilités spirituelles.

Présentation des auteurs

MARGO ANAND : Connue dans le monde entier pour son enseignement du tantra. Après avoir suivi de grands maîtres tantriques d'Europe, d'Asie et des États-Unis, elle élabore une voie unique et originale : le *Skydancing tantra.* Margo Anand est l'auteur de trois best-sellers : *Le Chemin de l'extase,* éd. Albin Michel ; *L'Art de l'extase sexuelle* ; *L'Art de la magie sexuelle,* éd. Guy Trédaniel.

CATHERINE ANDRIÈS : Philosophe, auteur (*La Sainte Esprit,* éd. du Fennec), metteur en scène de théâtre. À la suite de nombreux voyages, elle se consacre maintenant à l'écriture.

JEAN BIÈS : Docteur d'État, il est l'auteur d'une vingtaine d'ouvrages, dont *Art, gnose et alchimie,* éd. Le Courrier du Livre ; *Lettre aux professeurs malades,* éd. Le Rocher ; *Voies des Sages,* éd. Philippe Lebaud ; *Les Chemins de la ferveur et paroles d'urgence,* éd. Terre du Ciel ; *Sagesse de la terre,* éd. Les Deux Océans. Au confluent des grandes traditions de l'Orient et de l'Occident, son œuvre s'adresse aux êtres en quête de sens.

NATHALIE CALMÉ : Du théâtre au journalisme en passant par le travail humanitaire, Nathalie Calmé a dirigé deux ouvrages collectifs aux éd. Albin Michel-*Question de* : *Être à deux* et *L'Enfant du possible.*

MICHEL CAZENAVE : Écrivain, auteur de nombreux ouvrages dont *Tristan et Iseut* ; *Les Amants de Téruel*, éd. Albin Michel ; *La Putain des dieux* ; *La Science et les figures de l'âme*, éd. Le Rocher. Il est responsable de programme sur France-Culture et directeur de la traduction des œuvres complètes de C. G. Jung aux éd. Albin Michel.

MARIE DE HENNEZEL : Psychologue, analyste jungienne, elle a rejoint la première unité de soins palliatifs en France à l'Hôpital universitaire de Paris. Auteur de *La Mort intime*, éd. R. Laffont. Elle est par ailleurs présidente de l'Association Bernard-Dutant pour venir en aide aux personnes concernées par le virus VIH.

BERNARD LEBLANC-HALMOS : Musicien, sculpteur, dessinateur, écrivain, il est à l'origine des séminaires « Sérénité et Efficacité » qui ont touché plusieurs milliers de cadres et de responsables. Il est l'auteur de nombreux ouvrages de sagesse et d'humour dont *Gêne-aise de la conscience* ; *Ce que les mots veulent dire*, éd. L'Être Image ; *Comment parfaire l'amour*, éd. Albin Michel.

NICOU LECLERCQ-DUBOIS : Après des études de droit, cette chercheuse autodidacte s'aventure dans l'univers de la psychologie, se passionnant particulièrement pour les rapports masculin-féminin. Sa quête l'a conduite à s'intéresser à l'histoire méconnue des béguines.

JEAN-YVES LELOUP : Théologien et philosophe, prêtre orthodoxe, il est l'auteur d'une œuvre philosophique importante qui fonde une nouvelle ontologie. Jean-Yves Leloup a publié de nombreux ouvrages dont *L'Évangile de Thomas* ; *Manque et Plénitude* ; *L'Enracinement et l'Ouverture* ; *Désert, déserts* ; *L'Absurde et la Grâce*, *L'Évangile de Marie*, aux éd. Albin Michel.

JEAN LETSCHERT : Artiste symboliste, philosophe et écrivain. Il est l'auteur du *Temple intérieur*, éd. du Trigramme. Il enseigne aujourd'hui une voie de synthèse de la non-dualité védantique et du tantrisme shivaïte. Depuis trois ans, il anime aussi une formation continue : « La pédagogie de la créativité ».

JEAN MARKALE : Écrivain, poète, comédien et conférencier, il se consacre à l'étude des civilisations traditionnelles, et en particulier de la civilisation celtique et du cycle arthurien du Moyen Âge. Jean Markale est l'auteur de plus de soixante ouvrages dont : *Le Cycle du Graal*, éd. Pygmalion ; *La Femme celte*, éd. Payot ; *La Grande Déesse*, éd. Albin Michel.

EDGAR MORIN : Écrivain, anthropologue et chercheur au CNRS. Auteur, entre autres, de *La Méthode* (4 vol.) ; *Terre Patrie*, éd. Le Seuil ; *La Complexité humaine*, éd. Flammarion ; *Mes démons*, éd. Stock. L'unité de sa recherche réside dans le souci d'une vaste connaissance ni mutilée ni cloisonnée, qui puisse respecter l'individuel et le singulier tout en l'insérant dans son contexte d'ensemble.

DR RICHARD MOSS : Il abandonne l'exercice de la médecine classique en 1976 à la suite d'une expérience d'ouverture de la conscience. Il se consacre désormais à l'exploration de la psyché et à l'éveil des âmes. Auteur aux éd. Le Souffle d'Or, de *Unifier* ; *Le Papillon noir* ; *Le Second Miracle*.

DANIEL ODIER : A reçu la transmission tantrique complète d'un grand maître femme, la yogi Devî, et l'autorisation d'enseigner à son tour. Le récit de cette transmission a été publié sous le titre : *Tantra, l'initiation d'un Occidental à l'amour absolu*, éd. Lattès. Daniel Odier est par ailleurs romancier et auteur de *L'Illusionniste*, éd. J.-C. Lattès ; *La Voie sauvage*, éd. du Seuil ; *Le Milieu du Monde*, éd. Laffont ; *Gioconda*, éd. Fayard.

MICHEL RANDOM : Philosophe et écrivain, cinéaste, photographe et conférencier international. À ce titre, il a participé à de nombreux colloques internationaux organisés par l'Unesco et les Nations unies, parmi lesquels le colloque de Tokyo consacré à la *La Mutation du futur* dont il est le rapporteur (publié aux éd. Albin Michel). Michel Random est l'auteur de nombreux ouvrages dont *Les Puissances du dedans*, éd. Denoël ; *L'Art visionnaire*, tome 1, éd. Nathan ; tome 2, éd. Lebaud ; *Rûmi, la connaissance et le secret*, éd. Dervy.

HÉLÈNE RENARD : A animé pendant dix ans des émissions quotidiennes sur les rêves (notamment sur France 2 et RTL). Des milliers de téléspectateurs et auditeurs (en majorité des femmes) lui ont confié leurs songes. Hélène Renard est l'auteur de plusieurs ouvrages dont *Les Rêves et l'au-delà* et *Le Dictionnaire des rêves*, aux éd. Lebaud.

JACQUES SALOMÉ : Psychosociologue et formateur en relations humaines. Ses nombreux ouvrages rencontrent un écho croissant auprès d'un large public concerné par les problèmes relationnels. Citons le dernier ouvrage paru, *Éloge du couple*, éd. Albin Michel.

PAULE SALOMON : Auteur de plusieurs ouvrages, dont les plus connus sont *La Femme solaire* et *La Sainte Folie du couple*, aux éd. Albin Michel.

MAUD SÉJOURNANT : Psychothérapeute occidentale, elle vit à Santa Fé (Nouveau-Mexique) où elle a étudié la culture des Amérindiens. Initiée à diverses pratiques chamaniques, son approche thérapeutique se base aussi sur la psychologie transpersonnelle. Elle a écrit, aux éd. Albin Michel, *Le Cercle de vie.*

ANNICK DE SOUZENELLE : D'abord mathématicienne, puis infirmière anesthésiste, elle est enfin devenue psychothérapeute. Sa contribution majeure restera dans le déchiffrage qu'elle a opéré de la Bible afin de réinterpréter le message de l'Ancien et du Nouveau Testament. Elle a publié, chez Albin Michel, *Le Féminin de l'Être* ; *Le Symbolisme du corps humain* ; *L'Égypte intérieure* ; *La Parole au cœur du corps* (avec Jean Mouttapa) ; *Job sur le chemin de la lumière* ; *Alliance de feu* (2 vol).

ANDRÉ VAN LYSEBETH : Reconnu comme l'un des meilleurs professeurs de yoga de la francophonie, ses livres marquèrent trois générations de pratiquants curieux de mieux comprendre le détail, le sens et les effets des postures yogiques. Il est l'auteur de *Tantra, le culte de la féminité* ; *J'apprends le yoga* ; *Je perfectionne mon yoga* ; *Pranayama, la dynamique du souffle*, aux éd. Flammarion.

DR JACQUES VIGNE : Psychiatre, il vit en Inde. Il est l'auteur d'ouvrages fondamentaux sur les psychologies d'Orient et d'Occident et les ponts possibles entre ces cultures complémentaires, dont aux éd. Albin Michel *Méditation et Psychologie* ; *Le Maître et le Thérapeute* ; *Éléments de psychologie spirituelle.*

« Espaces libres »
au format de poche

DERNIERS TITRES PARUS

50. *La Psychologie de la divination*, de M.-L. von FRANZ.
51. *La Synchronicité, l'âme et la science*, ouvrage collectif.
52. *Islam, l'autre visage*, d'Eva de VITRAY-MEYEROVITCH.
53. *La Chronobiologie chinoise*, de Pierre CRÉPON et Gabriel FAUBERT.
54. *Sentences et proverbes de la sagesse chinoise*, choisis et adaptés par Bernard DUCOURANT.
55. *Vivre. Paroles pour une éthique du temps présent*, d'Albert SCHWEITZER.
56. *Jésus fils de l'homme*, de Khalil GIBRAN.
57. *Les Chemins du Zen*, de D.T. SUZUKI.
58. *Le 3e Souffle ou l'agir universel*, de Jeanne GUESNÉ.
59. *Le Testament de l'Ange. Les derniers jours de Gitta Mallasz*, de Bernard MONTAUD.
60. *Confiteor*, de Bernard BESRET.
61. *Les Mythes de l'Amour*, de Denis de ROUGEMONT.
62. *La Place de l'homme dans la nature*, du père TEILHARD DE CHARDIN, présenté par Jean ONIMUS.
63. *Communiquer pour vivre*, ouvrage collectif sous la dir. de Jacques SALOMÉ.
64. *Accroche ta vie à une étoile*, de Stan ROUGIER.
65. *Du bon usage des crises*, de Christiane SINGER.
66. *Parole de terre. Une initiation africaine*, de Pierre RABHI.
67. *J'attends Quelqu'un*, de Xavier EMMANUELLI.
68. *Désert, déserts*, de Jean-Yves LELOUP.
69. *Le Graal*, de Jean MARKALE.
70. *Ultimes paroles*, de KRISHNAMURTI.
71. *Moïse raconté par les Sages*, d'Edmond FLEG.
72. *Le Doigt et la Lune*, d'Alexandro JODOROWSKY.
73. *Thé et Tao, l'art chinois du thé*, de John BLOFELD.
74. *L'Égypte intérieure ou les dix plaies de l'âme*, d'A. de SOUZENELLE.
75. *L'Au-delà au fond de nous-mêmes. Initiation à la méditation*, d'A. et R. GOETTMANN.

76. *Le Soleil d'Allah brille sur l'Occident*, de S. HUNKE.
77. *Le Livre des prénoms bibliques et hébraïques*, de M.-A. OUAKNIN.
78. *Le Chant de l'Être*, de S. WILFART.
79. *La Parole au cœur du corps*, entretiens avec J. Mouttapa, d'A. de SOUZENELLE.
80. *Henri le Saux, le passeur entre deux rives*, de M.-M. DAVY.
81. *La petite Sainte Thérèse*, de M. VAN DER MEERSCH.
82. *Sectes, Églises et religions, éléments pour un discernement*, de J.-Y. LELOUP.
83. *À l'écoute du cœur*, de Mgr MARTINI.
84. *L'Oiseau et sa symbolique*, de M.-M. DAVY.
85. *Marcher, méditer*, de M. JOURDAN et J. VIGNE.
86. *Le Livre du sourire*, de C. DE BARTILLAT.
87. *Le Couple intérieur*, sous la dir. de P. SALOMON et N. CALMÉ.

La composition de cet ouvrage
a été réalisée par Nord Compo,
l'impression et le brochage ont été effectués
sur presse Cameron dans les ateliers de
Bussière Camedan Imprimeries
à Saint-Amand-Montrond (Cher),
pour le compte des Éditions Albin Michel.

Achevé d'imprimer en mai 1998.
N° d'édition : 17415. N° d'impression : 982654/1.
Dépôt légal : mai 1998.